はじめての精進料理

基礎から学ぶ野菜の料理

高梨尚之

東京書籍

はじめに

ある食育企画で親子精進料理教室の講師を務めた時のことです。

「まずはかぼちゃを包丁で二つに割りますが、小さいお子さんは危ないから大人の方がお願いしまーす」と伝えたとたん、「ええー!?」という声が参加者から上がりました。

丸ごとのかぼちゃを切ったことなんかない、と子どもではなく大人が困った顔で言うのです。

典座(禅寺の料理長)時代にも、お米の研ぎ方を知らないどころか、キャベツとレタスの違いすらわからない修行僧たちとたくさん出会いました。

もちろんそうした人を笑い蔑むつもりはありません。想い返せば私もはじめから料理上手だったわけではなく、ただ興味を持ち、努力したのがほんの少し早かっただけなのです。

それにある意味仕方ない時代です。

昔は各家庭でごく自然に伝えられてきた常識的な料理の基本や家庭の味の継承が、社会構造の変化によって途絶えつつある上に、便利なインスタント食品や出来合いのお惣菜、あるいは外食が身近となり、料理を覚えなくても特に生活に困らないのですから。

多少の料理経験がある人でも濃厚な味の洋食が優先で、昔ながらの素朴な和食の調理が上手な人が減ったように感じます。

しかしそれではいけない、とようやく世の中が気づきはじめたようです。八百年にわたり禅寺の台所で工夫され、修行僧の健康を支えてきた精進料理に、今大きな注目が集まっています。

私の修行中は老師や先輩僧から厳しい指導を受け、叱られながら遠回りして料理を覚えました。

修行道場はどんどん悩み苦労する場ですからそれでよいのですが、一般社会の皆さんに精進料理の素晴らしさを伝える際に同じ方法では困ります。長年温めた企画がようやく形となり、料理長時代に貯えた経験を活かして、特に初心者が失敗しやすい点や基本知識をわかりやすく親切に盛り込んだ、今までにない文字通り〝はじめての〟精進料理の教科書ができあがりました。

精進料理の思想に今はあまり関心がない方でも、野菜を美味しく健康的に調理する技術や知識は幸せな人生を送る基礎として欠かせませんし、あるいは料理のベテランが意外と見落としがちな基本を復習するためにも重宝するでしょう。

一人暮らしをはじめる社会人、健康に気を使いたい青壮年、昔の素朴な味を懐かしむ年配者から、道場に入門する若手僧侶、禅や仏教に興味のある方、ごく一般的な家庭まで、幅広くお手元に備えて、野菜の力をいただいて、健康的で豊かな日々を過ごされることを祈念いたします。

著者　合掌

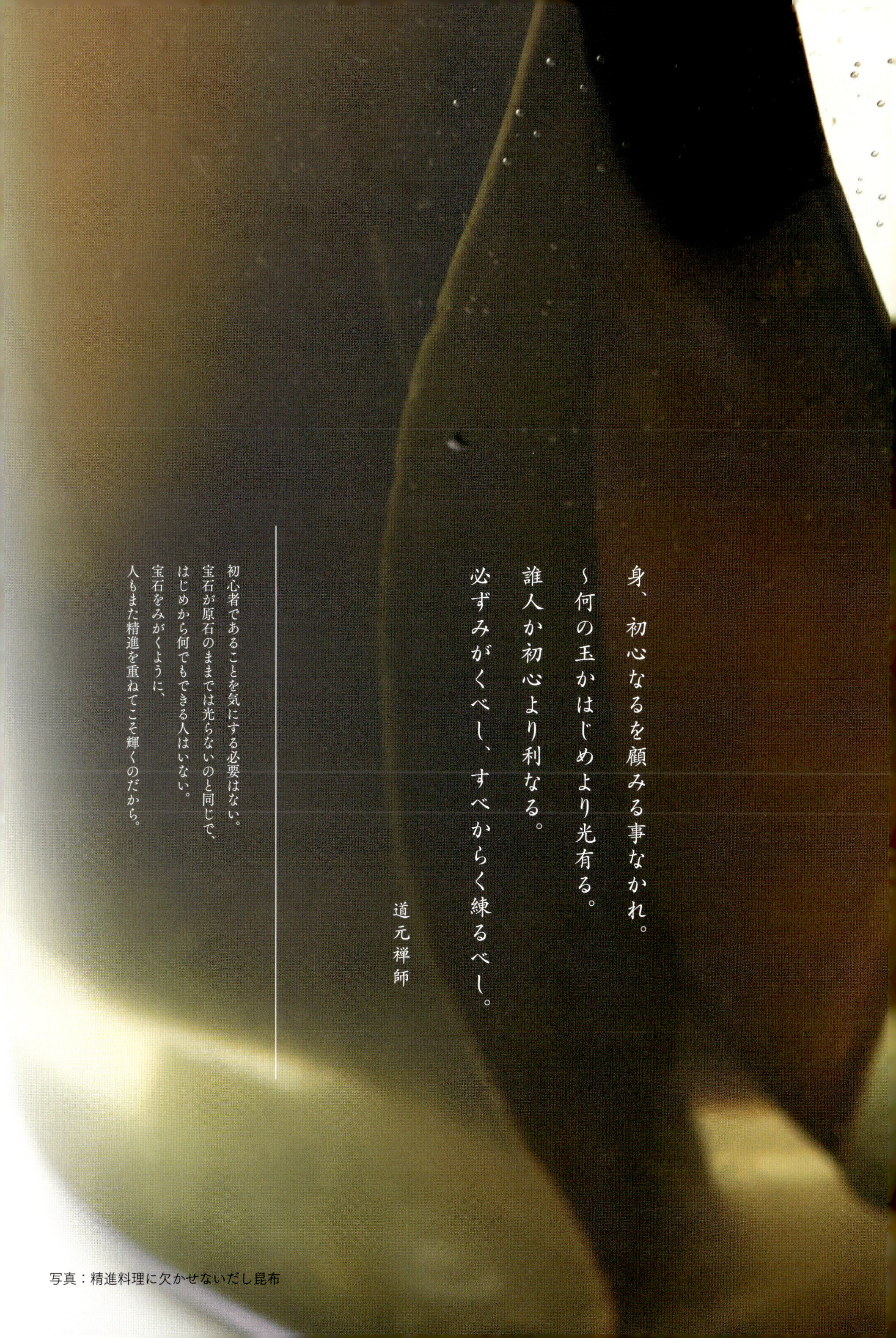

身、初心なるを顧みる事なかれ。
〜何の玉かはじめより光有る。
誰人か初心より利なる。
必ずみがくべし、すべからく練るべし。

道元禅師

初心者であることを気にする必要はない。
宝石が原石のままでは光らないのと同じで、
はじめから何でもできる人はいない。
宝石をみがくように、
人もまた精進を重ねてこそ輝くのだから。

写真：精進料理に欠かせないだし昆布

基本編

実践編

応用編

本書の構成

精進料理には〝五味五法五色〟すなわち、煮る、焼く、揚げる、蒸す、生《なま》の5種類の調理法、甘味、酸味、辛味、苦味、塩味の5つの味つけ、白、黄、赤、青、黒の5つの彩りをうまく組み合わせて調理すれば栄養的に優れ、また味や色も飽きずに美味しく仕上がるという基本があります。

この「五法」に、はじめて精進料理に取り組む方にも覚えやすい流れと必要な要素を加え、「煮もの、あえもの、炒めもの、ご飯もの、汁もの、漬けもの、揚げもの、蒸しもの、なまもの、乾物、寄せもの、麺類」の12種の基本技術を「基本編」で学びます。

なお2人分の分量で表記するレシピが多い中、基本編ではあえて〝初心者の作りやすさ〟を第一に考え、4人分にしました。

ある程度まとまった量を作る方が、たくさんの食材から味が染み出て美味しく仕上がります。1〜2人分のごく少量になると、よい面もいくつかありますが、微妙な味つけの加減が必要になり、鍋もよほど小型のものを使わないとスカスカになってしまう上に、揃えた食材もたくさん残ってしまうなど、ベテランでも調理に気を使います。

特に味が繊細な精進料理では、初心者ほどある程度多めに作ることからはじめた方が、失敗しにくく味の基準を覚えやすいため、本書では実際食べる人数と作りやすさの最小公約数として4人分に設定してあることを理解したうえで、慣れてきたら自分で必要な分量に増減するとよいでしょう。

次に「実践編」では、基本編で習得した料理技術をさらに深く自分のものとするために、20品の実践レシピを揃えました。この章では一般的なレシピに慣れるため2人分の分量で表記しています。自分が食べたい料理から作ってみましょう。

「応用編」では、もてなし料理の基本を学び、本書の総まとめとして精進料理の華、胡麻豆腐に挑戦します。ぜひ親しい方を招いてごちそうしてみましょう。この章はもてなしが前提となっているため、4人分の分量で表記しています。

また、精進料理は濃い味を避けて素材の味を活かすのが理想ですが、本書では初心者にもある程度味の基本がわかるよう、はっきりとした味つけになるよう調整してあります。調味料や熱源によっても味は変わるため、基本の味を覚えたら、自分で味の濃淡を工夫してください。

本書では、詳しいプロセスや調理法を掲載しましたが、〝私のやり方と違う〟、〝こうした方がよいのでは?〟というさまざまなご意見があるでしょう。もちろん、状況や素材に合わせて手順や方法を変えることも大切ですし、特定の方法を押しつけるつもりはありません。自分なりの調理法が確立している上級者の方は、本書のような調理法もあるのだな、と参考にしていただければよいと思います。もちろん、初心者の方はどうぞ安心して本書の手順通りに調理してください。

また、調理に必要な基本技術を9つの「基本ノート」、精進料理の教えを6つのコラムにまとめましたのでご活用ください。

さあ、前置きはこれくらいにして、早速精進料理の奥深い世界に飛び込みましょう!

＊本書の分量表記は　1カップ＝200mℓ　大さじ1＝15mℓ　小さじ1＝5mℓ です。

基本編

写真では簡単なように見えても、自分で実際に作ってみると予想していなかった難しい部分や面倒な手順があるものです。だからといって、そこであきらめないでください。壁にぶつかった困難な時は、見方を変えれば、自分の技術を伸ばすチャンスなのですから。

さあ、基本編のはじまりです。

本書をサイドテーブルに開いて、台所で〝精進〟しましょう！

＊基本編では、〝初心者の作りやすさ〟を第一に考え、４人分の分量で表記してあります。

かぼちゃ甘《うま》煮《に》

まずは精進料理の基本中の基本、
煮ものの技術を学びます。
料理店のかぼちゃ煮は早めに火を止めて
見栄えを優先しますが、
家庭では少々の煮崩れを恐れず、
ほっくり柔らかに仕上げて
味と食感を優先しましょう。

［ 材料・4人分 ］

かぼちゃ … 400g
A 昆布だし … 1と1/4カップ
（250mℓ）程度
酒 … 大さじ3
みりん … 大さじ2
砂糖 … 小さじ2～3
ザラメ砂糖 … 小さじ1
しょうゆ … 大さじ2

かぼちゃを割る。初心者はへたを避けて包丁を入れるとよい。きちんと研いだ包丁ならそれ程苦労せずスッと切れる。

かぼちゃの種をスプーンできれいに取り除く。使わない分も種を取っておかないと早くいたむので注意。

中心部に向かうように狭めてくし形に切り、さらに大きさに応じて1/2または1/3に切り分ける。

切り分けたかぼちゃの端を面取りする。煮崩れにはあまり影響なく、おおかた仕上がりの美しさのためなので家庭用では面取りしなくてもよい。

皮を一部削いで火を通りやすくする。

かぼちゃの皮を下に向けて並べ、Aを入れて強火で加熱する。2段以上重ねるのは難しいので慣れないうちは避ける。原則として土の中で育つ根菜は冷めた状態から加熱して火を通す。かぼちゃは土の上だが例外で水から煮る。

沸騰したら落としぶたをし、ポコポコ噴く程度の弱火にする。落としぶた代わりのアク取りペーパーなどでもよいが、少量だと煮汁を吸ってしまうので木ぶたがよい。なお、木ぶたは使用後はカビやすいのでしっかり乾かす。

煮汁が半分程度に減ったらしょうゆを加え、再び落としぶたをして煮る。たまに鍋をゆすって底の煮汁が上部にもかかるようにする。

煮汁がわずかになったら火を止め、少しおいて味をなじませる。煮上がってすぐよりも、冷めることで煮汁を吸って味が染みこむため、できればいったん完全に冷まし、食べる際に軽く温めるのがよい。

ポイント

●最重要点は手順⑥です。食材がちょうど一段に並ぶよう、量に適した鍋を使います。だしが多く具が少ないと鍋の中で具が踊って無駄に煮崩れる上に、かぼちゃの風味が薄まってしまいます。具材が隠れる程度のひたひたにし、鍋に不要な空間がないように最小限のだしで煮ることが肝心です。

●しょうゆと砂糖で甘じょっぱく煮るのは精進料理の基本の一つです。無用に長く煮ると煮崩れしやすいため、火加減が大切です。酒とみりんを使うことでうまみとコクが出るうえに、蒸発がよくなるため、煮汁を早く減らすことができますが、あっさり仕上げたいなら昆布だし、酒、みりんを使わず水で煮てもかまいません。

里芋白煮

煮もの類はついいつでも甘じょっぱく煮がちですが、食材に応じて持ち味を活かすように味つけを変えます。

里芋や大根を白く煮るには米のとぎ汁で下煮し、薄口しょうゆで仕上げます。

白煮には甘味系と、大根などに向く塩味系がありますが、芋類をふっくらと仕上げるには少し濃いめの甘味がよく合います。

［材料・4人分］

里芋 … 400g

A 昆布だし … 1と1/2カップ（300㎖）
酒 … 大さじ3
みりん … 大さじ2
砂糖 … 大さじ1
（好みで）ザラメ砂糖 … 小さじ1/2

薄口しょうゆ … 小さじ2

きざんだゆず皮 … 少々

1

里芋の皮をむき、大きければ食べやすい大きさに切る。里芋がすべるようなら軍手をするとよい。

2

濃いぬめりは味つけの妨げになるため、多めの水に浸けて何度か水を交換し、ある程度ぬめりを取る。細かく切るほど断面が増えぬめりが多く出る。長く浸けすぎると固くなるので注意。

3

濃い米のとぎ汁で下ゆでし、不要な成分がアクとともに泡状に浮くのですくう。強火の方が泡がまとまりやすい。とぎ汁で煮るとより白くふっくらと炊きあがる効果もある。

4

その時の料理の組み合わせなどの都合で、とぎ汁が出ない場合は2カップの水に大さじ2程度の米ぬかを混ぜて下ゆでしてもよい。

5

固めに串が刺さる程度で一度ザルにあけ、お湯でぬめりをすすぎ、冷めないうちに再度きれいな鍋に移す。この段階では煮すぎないよう注意。

6

Aを里芋を移した鍋に入れて強火で加熱し、沸騰したらアクを取り、コトコト噴く程度の弱火にして落としぶたをして煮る。2〜3分ほどしたら薄口しょうゆを加え、煮汁がほぼなくなったら火を止める。好みでゆず皮の細切りをのせる。

ポイント

●もてなし料理には端正な六方むき（写真下）も用いますが、うまみや栄養を多く含む皮周辺を無用に削ってしまうため、家庭では自然な形にむきましょう。精進料理では見栄えよりも食材に無駄を出さないことを優先するのが基本です。

□ノート

白煮では色が薄い薄口しょうゆを使います。ただし薄口しょうゆは塩分が強いので多用せず、香りをつける程度に抑えます。
シンプルな味だけに、アクセントとしてゆず皮を細切りにして散らすとよいでしょう。

精進おでん

だしを利かせた塩味系の煮ものは、ほとんどの野菜とよく合います。多めの水分でゆっくり加熱すれば、煮汁自体もうまみたっぷりのごちそうになります。

とろ火で時間をかけて味を染みさせる場合は、しょうゆを含めた調味料をまとめて同時に加えてかまいません。

［ 材料・4人分 ］

大根 … 400g
じゃがいも … 300g
ごぼう … 100g
長芋 … 150g
にんじん … 100g
昆布 … 15g
結び白滝 … 100g
がんもどき（飛竜頭）… 100g（8個）
A 水 … 8カップ
　酒 … 1/2カップ
　みりん … 大さじ4
　砂糖 … 小さじ1
　ザラメ砂糖 … 小さじ2
　しょうゆ … 大さじ1～2
あら塩 … 小さじ1/4～1/2
和辛子 … 適量

1

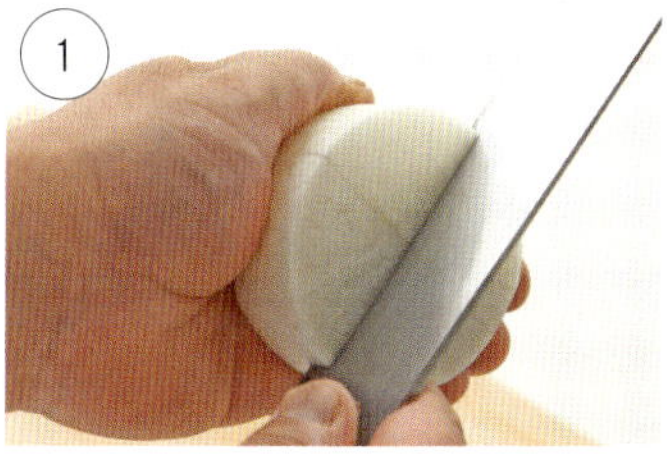

大根を厚めの輪切りにし、皮をむく。片面に厚みの半分程度まで十字の切れ込みを入れる。これは火の通りを良くし、また食べる際に箸で切りやすくするための隠し包丁。盛りつける際は隠し包丁を下側に向ける。

2

他の具をそれぞれ食べやすい形に切る。じゃがいもは皮をむいて芽を取り、切る（p42）。ごぼうはたわしでこすり、切る（p27）。長芋はひげ根を焼いて切る（p48）。以上をそれぞれ別々に水に浸ける。にんじんは皮をむいて切る。

3

水に浸けて戻した昆布を細長く切り、結び目をつけて結び昆布を作る。加熱時にほどけないよう、結び目を強く押さえて折り曲げ、結びぐせをつけるようにする。

4

水気を切った①～③の具と飛竜頭、水ですすいだ結び白滝をAとともに土鍋に入れ、強火で加熱する。今回のように多めの煮汁で長時間煮て味を染みこませる場合は、各食材を下煮しない方が煮汁に滋味が出る。

5

アクを取ったらとろ火に落とす。ふたをすればかなりの弱火でも充分煮える。味を見てあら塩を加える。長時間煮込む場合は、最後には煮詰まって味が濃くなるので煮はじめは薄味がよい。火が通るまで20～30分程度ゆっくり加熱する。

6

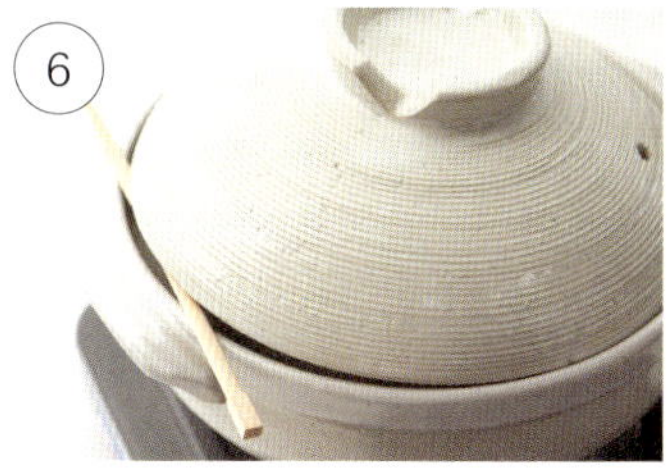

蒸気口が少ないと噴きこぼれるため、割り箸を挟むなどして空気の逃げ口を作るとよい。隙間から中の様子もうかがえる。火を止めたらしばらくおいて味をなじませ、好みで和辛子を添えていただく。

ポイント

●いくつかの具を合わせて煮ることで、それぞれの食材から出た味が煮汁を通して互いに染みこみ、深い味わいを生み出します。この場合は、煮汁自体も料理の主役となるため、染みこむ分も考慮してたっぷりの量で炊きはじめます。なお昆布を具材として加える場合は加熱時にだしが出るため、昆布だしではなく水を用います。また、土鍋は保温効果が高く、火を止めた後ゆっくりと温度が下がる際に具材に味がなじむため、一晩寝かせると特に大根は煮汁が芯までしっかり染みこんで、短時間の加熱では真似できないほど柔らかい飴色に仕上がります。

□ノート

煮汁まですくってしまわないよう、アク取り専用の目の細かいすくい網をお薦めします。これなら煮汁が減ることなく、アクだけをすくうことができます。

精進筑前煮

煮ものの応用技術として、
先に炒めてから煮る「炒め煮」、
揚げてから煮る「揚げ煮」、
蒸しながら煮る「蒸し煮」
炙ってから煮る「炙り煮」などがあります。
単に煮るのに比べ、別種の調理効果を
加味することで、さらなる
深い味わいを生むことができます。

［ 材料・4人分 ］

干し椎茸 … 4枚
水 … 1と1/2カップ（300mℓ）
高野豆腐 … 2枚
大根 … 150g
れんこん … 100g
ごぼう … 70g
にんじん … 100g
いんげん … 40g
こんにゃく … 200g
サラダ油 … 小さじ2
A 酒 … 大さじ2
　みりん … 大さじ1
　砂糖 … 小さじ2～3
しょうゆ … 大さじ1と1/2
あら塩 … 少々
一味唐辛子（好みで）… 少々

1

干し椎茸を水に浸け、水出し式でだしをとる。高野豆腐を製品の説明書きに従って戻し、つぶれないように絞って水気を切る。

2

具を切って皮をむき、ごぼうとれんこんは水に浸ける。なるべく同じ形、同じ大きさになるように揃えるときれいに仕上がり食感もよくなる。今回は乱切り。ただし、ごぼう、れんこんは固いので少し小さめにする。

3

こんにゃくは包丁で切るより、スプーンでわざと不定形になるようちぎると表面積が広くなって味が染みやすく、また食感もよくなる。下ゆでし、ザルにあげておく。

4

鍋にサラダ油を引いて熱し、油が温まったら、水気をよく切った固い具（ごぼう、れんこん、大根、にんじん）を入れて木べらで混ぜる。できれば強火がよいが、慣れないうちは焦げないように中火でもよい。

5

充分に油が回って具材の表面が透明になりはじめたら、こんにゃく、高野豆腐、干し椎茸を加える。一度に炒めてもよいが混ぜにくく、油が回りにくいため固いものと時間差をつけて炒める。

6

①の干し椎茸の戻し汁とAを加え、強火にして沸騰させ、アクを取る。

7

中火に落としてふたをし、煮汁が半分になる程度まで煮たら、いんげんを加える。青物は色を活かすため最後に加えるとよい。

8

具に火が通ったらしょうゆを加え、味を見て物足りないようならあら塩を加えて味を調える。さらに3分ほど煮たら火を止め、味をなじませる。好みで一味唐辛子をふる。

ポイント

●炒め煮は、炒めた具にだしなどの水分を加えて引き続き煮る調理法で、油がよく染みて深いコクを出すことができ、また炒める際の不要な油分が煮る際にアクとともに浮くため、容易に取り除くことができます。今回は雪平鍋を用いましたが、深いフライパンでもかまいません。

□ ノート

こんにゃくには、こんにゃく芋をすりおろす昔ながらの製法で作った生芋こんにゃく（右）と、こんにゃく粉で作ったもの（左）があります。価格は後者の方が安価で入手しやすいものの、味や食感は生芋こんにゃくの方が繊細です。好みもあるでしょうから実際に食べ比べてみましょう。なお、最近は下ゆで不要のこんにゃくが出回っていますが、それでも事前に下ゆでした方がアクが抜け味が染みやすくなります。

だしのとり方

私は精進料理の調理技術面で最も重要なのは〝だし〟だと考えています。
大根には大根の、じゃがいもにはじゃがいも本来の持ち味があります。
そうした繊細な食材の風味を引き出し、しっかり支えてくれるのが
〝だし〟なのです。逆にこれをおろそかにすると、
〝単なる薄味料理〟になってしまうことでしょう。

A

B

昆布だし

水1カップ（200㎖）に対し昆布2グラムの割合で、水1リットルなら10グラムを3～5時間水に浸けると一番だしがとれます。無理に加熱しない水出し式の自然抽出により、クセのないきれいな色のだしがとれます。

夜に水と昆布を取っ手付きの容器に入れ[A]、冷蔵庫に入れておけば、朝にはよいだしがとれています。

水出し式でとっただしは、加熱する料理に使います。

その昆布を鍋に入れ[B]、別の水で加熱し、沸騰したら弱火に落として3分ほど煮出せば二番だしがとれます。多少色や臭みも出るため、濃い味の料理に使うとよいでしょう。

昆布にもいろいろな種類がありますが、初心者やご家庭用には手頃な価格で再利用しやすい日高昆布をお薦めします。

しっかりした厚みがあり、黒いものを選びます。

なお、最近は顆粒だしの品質も向上しましたが、やはり家庭で天然昆布からとった味は別物です。顆粒だしは風味が強く、素材の繊細な味が打ち消されて、どの料理も同じ仕上がりになってしまいがちです。

精進料理以外の味が濃い料理などで使うとよいでしょう。

椎茸だし

干し椎茸も昆布と同様、一番だしは水出し式で、二番だしは加熱してとります。昆布だしに比べてクセが強く、アクも大量に出て使う料理を選ぶため、昆布だし7割、椎茸だし3割くらいに混合すると使い勝手がよくなります。

ミニレシピ

だしがら昆布は無駄に捨てず、
うまく工夫して最後まで利用します。

昆布の佃煮

だしがらの昆布を一口大に切り、だし、酒、みりん、砂糖、しょうゆで何日かに分けてごく弱火で数時間煮詰めます。椎茸を加えて煮たり、山椒粉をふったりしても美味しくいただけます。

とろとろだしがら昆布

二番だしまでとり終えただしがら昆布を少量の水とともにフードミルで細かく刻み、米酢やポン酢、ドレッシングなどをかけていただきます。

昆布は5グラムずつに切っておくと便利です。ともに湿気を嫌うので、密閉できる容器で保存します。

なお本書での昆布だし・椎茸だしは、この方法でとった一番だしまたは二番だしを指します。材料一覧で干し椎茸や昆布の下に水が記載されている場合はその分量の水で戻すことを表します。

コラム

精進料理とは

世間一般に精進料理とは〝仏教の戒律に基づき、肉魚を使わず、植物性食材だけで調理する料理〟と認識されています。しかしながら実際には明文化された統一定義などはなく、時代や地域、宗派などにより解釈や運用が異なり、たとえば牛乳や卵、バターなどを使う精進料理レシピ本もあるようです。

私は、そうした細かな違いに一々とらわれず、お釈迦様が説いた教えの本質である〝食材のいのちをありがたくいただく〟姿勢こそが精進料理の大原則だと思うのです。

人間は、他の生物の命を口にしなければ生きていけません。だからこそ、むさぼらず、必要な分だけを謙虚に頂戴し、いただいたからにはその命に恥じないように一日を精一杯生きる姿勢が大切なのです。

植物にも動物魚介類と同様の尊い命がありますから、肉魚はダメで野菜はよい、というような分け隔ては成り立ちません。どんな食材でも選り好みせず、等しく大切に扱って、無駄にせずできる限り活かして調理する態度を忘れなければ、たとえ肉魚を使っても精進料理たりえる、と私は考えています。ですからみなさん方はご家庭で野菜でも肉魚でも、そうした姿勢でありがたく感謝して調理し食せばよいのです。

禅僧は、そうした根本的な教えを理解した上で、それでもあえて自らは肉魚を望まず、枯淡な食材だけで調理します。さらに野菜の中でも、ネギ、タマネギ、にんにく、ニラ、らっきょう、のびるなど臭いや味が強いものは〝五葷《ごくん》〟として避けます。五葷が何を指すかは時代や宗派、寺によって異なりますが、本書では最も厳しいことで知られる道場の一つ、曹洞宗大本山永平寺の基準に沿った食材を用いています。

美食を追求しても切りがなく、さらなる美味しいものを求めるようになり、やがて煩悩となってしまいます。

枯淡な食材に感謝していただく節度ある食生活を続けていると、やがて心の底から食べ物に対するありがたみがわかるようになってきます。

食材に自ら制限を課し、その食材の風味の範囲内で持ち味を引き出して自然な味つけで調理する。それだけで充分自然な美味しさが味わえます。制限がないことでかえって欲望を招き不自由になってしまうことを避け、制限の中で自由と満足を見いだす姿勢を自ら選ぶのもまた禅僧の精進料理なのです。

法《ほう》連《れん》草《そう》のおひたし

いろいろな葉もの野菜に応用が利く精進料理の基本です。
きのこ類、薄揚げや麩、切り干し大根など、
食感と風味が異なる素材をうまく組み合わせます。
精進料理では仏法が連なってゆく意をこめて
法連草と当て字することがあります。

［ 材料・4人分 ］

切り干し大根 … 30g
生椎茸 … 50g
A 昆布だし … 1と1/2カップ（300mℓ）
　酒 … 大さじ3
　みりん … 大さじ2
　しょうゆ … 大さじ3
あら塩 … 少々
ほうれん草 … 300g

1

切り干し大根を水に浸けて戻す。乾物は水に長時間浸けるのが最も自然に戻せる方法だが、時間がなければぬるま湯でもよい。戻したら水を替えて何度か軽くもみ出すようにしてアク（水泡）を出す。長ければ3～5cmほどに切る。

2

生椎茸を薄切りにし、水気を絞った①とAとともに鍋に入れて加熱する。はじめは強火、沸騰したら弱火に落としてアクを取り、味をみて必要ならあら塩を加えて味を調え、5分ほど煮て火を止め、自然に冷まして味をなじませる。この煮汁がそのままひたし地になるため、ほどよい塩気になるよう調整する。

3

ほうれん草をゆでる。柔らかい葉と固い茎ではゆであがる時間に差があるため、まず固い茎の方だけをお湯に浸けるようにする。

4

しばらく根の方だけを加熱したら手を離して全体を鍋に入れ、箸で泳がせてゆでる。ゆで加減がこの料理の要。慣れないうちはついゆですぎてしまうが、少し食感が残るくらいでやめるのがよい。

5

ザルにあげ、すぐにたっぷりの氷水に浸けて全体を冷やす。これにより余熱によるゆですぎを防いで身を引き締め、きれいな色を安定させ、かつ土臭さを流し去る効果がある。ただし土臭さも風味のうちなので、ほどよい時間で引き上げる。

6

根を揃えて両手で握るようにして水気を絞る。絞るという表現にとらわれて乱暴に握ってしまうと葉が崩れてしまうので優しく扱う。

7

根元を切り落とし、3～5cmの幅で切る。なお、根元の部分は栄養が豊富。家庭用ではこの部分も細かく刻んで加えるとよい。

8

葉の部分をすりこぎで繊維を壊すように軽く全体を突くと味の染みこみがよくなる。ただしその分柔らかな食感となるので、シャッキリした食感が好みならこの手順は省く。

9

⑧を冷ました②の煮汁にひたしてよく混ぜる。盛りつける際はひたし地（つゆ）も適量かける。なお、長く浸けすぎると色が悪くなるので、ほうれん草は食べる直前に混ぜるようにする。

ポイント

●おひたしはあえものの一種です。ひたし地におろし生姜を加えれば「生姜じょうゆびたし」、わさびを加えれば「わさびじょうゆあえ」、辛子を加えれば「辛子じょうゆあえ」、ポン酢であえれば「ポン酢びたし」、などさまざまな応用が可能です。

□ノート

土の上で育つ葉ものは、原則として沸騰したお湯でゆでます。野菜を入れた際にお湯の温度が下がり、ゆで時間が長くなると色や味が落ちるため、なるべく多い湯と強い火力で短時間でゆでます。少量ならほうれん草を切ってからゆでてもよいのですが、絞りやすさと長さを揃えるには、ゆでてから切る方が効率がよいでしょう。

なお、ほうれん草、小松菜、春菊、白菜、キャベツはゆで湯に塩を入れても、ゆであがりの色はほとんど変わらないため、加える必要はありません。菜の花、いんげん、絹さや、オクラ、アスパラガス、枝豆、大根やかぶの葉、スナップエンドウ、グリーンピースなどは塩を入れた方が色よくゆであがります。

ほうれん草、小松菜、菜の花、セリ、かぶの葉などアクがあるものは、ゆでてからある程度水にさらします。春菊、三つ葉、オクラ、白菜、キャベツ、ブロッコリー、カリフラワー、アスパラガスは風味が落ちてしまうため、水にさらさず、ザルに広げて自然に冷まします。

きのこ辛子和《あ》合《え》

あえてから時間が経つと、塩分が作用して食材から水気が出ます。これによりあえしろが薄まってしまうため、いただく時間を見計らってあえるのがあえものの基本です。辛子和合は菜の花や春菊、こんにゃくなどにもよく合います。

［ 材料・4人分 ］

きゅうり … 1本（100g）
エリンギ … 150g
つきこんにゃく … 100g
A 昆布だし … 1カップ
　酒 … 大さじ2
　みりん … 大さじ2
　砂糖 … 小さじ1
　ザラメ砂糖 … 小さじ1
　しょうゆ … 大さじ1
和辛子粉 … 小さじ2程度
40℃程度の湯 … 小さじ2程度
刻み庄内麩 … 15g

1

きゅうりの「板ずり」をする。1本に塩小さじ1程度（分量外）をまぶし、手のひらで転がすようにして塩をなじませ、5分ほどおく。塩の浸透圧作用により、きゅうりから水気が出て味が高まる。両端を切り落とし、短冊切りにする。

2

つきこんにゃくを下ゆでする。エリンギを長さ3～5㎝くらいに切り、太さに応じて縦に1/4または1/6程度に切る。これらをAとともに鍋に入れ、はじめは強火で加熱し、沸騰したら弱火に落とし、アクを取りながら5分ほど煮て火を止め、味をなじませる。

3

和辛子を溶く。粉から練った和辛子は格段に風味がよい。辛子粉と同量の40℃程度のお湯を様子を見ながら加えてよく練る。味が落ち着くまでボウルを裏返して10～15分待つのが伝統の方法だが、ラップで包んで待ってもよい。

4

③の和辛子を小すり鉢に入れ、②の煮汁大さじ3ほどを移してすりまぜる。味を見て、好みで砂糖小さじ1/2程度（分量外）を加える。時間とともに辛味が抜けるので、少し辛いくらいにしておくとよい。
水またはぬるま湯で戻した刻み庄内麩の水気を絞り、①と煮汁を切った②をボウルであえ、④の和辛子を味を見ながら加えて混ぜる。

ポイント

●市販のしめじ、えのき、まいたけなどは栽培工場で生産されたものがほとんどなので、栽培ポットに接していた最下部のボソボソした部分だけを切り落とし、その上の固まりの部分は捨てずに細かく刻んで利用するとよいでしょう。生椎茸の石突き（最先端の部分）は固く食感も悪いので切り落とします。ただし足の部分は捨てずに細切りにするなどして利用します。また、栽培ものは泥などの汚れはほぼない上に、天然ものに比べて風味が薄いため、事前の水洗いは必要ありません。

□ノート

仏道を志して寺に集った修行僧は出自や性格、その境涯もさまざまなため、それぞれがわがままに自己主張したのでは寺がバラバラになってしまいます。仏の教えのもとで修行僧が仲良くまとまり、よき修行を積むことを仏教では「和《わ》合《ごう》」といいます。
精進料理も同様です。あえしろが食材の個性を無理に抑えてしまってはいけません。あえしろが互いの魅力を引き立てつつ、うまく一つの風味にまとめるのがよいあえものです。これに因み、精進料理ではあえものを「和合もの」と記すことがあります。

酢ばす

仏教と縁の深い蓮は精進料理によく用います。
「酢ばす」は「酢れんこん」の伝統的な名称です。
シャキシャキしたれんこんの食感が
キリッとした割酢とよく合います。

［材料・4人分］

れんこん … 300g
A 米酢 … 大さじ2
生椎茸 … 4枚
B 昆布だし … 1/2カップ（100㎖）
　酒 … 大さじ2
　みりん … 大さじ1
　砂糖 … 小さじ2
　薄口しょうゆ … 小さじ2
枝豆 … 50g（皮をむいた重さ）
C 米酢 … 大さじ5
あら塩 … 少々

1

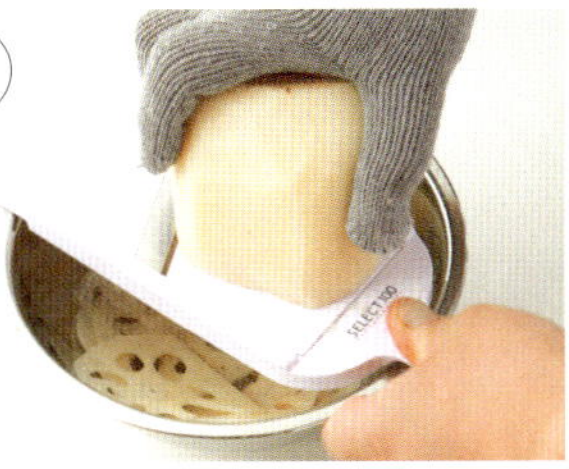

れんこんの皮をむき、スライサーで薄切りにする。スライサーを使えば初心者でも上手に薄切りができる。厚みを調整できるものが使いやすい。なお、スライサーは乱暴に使うと大怪我をしかねないので取り扱いには充分注意し、念のため動かす方の手に軍手を2枚重ねてはめるなどして対策をするとよい。皮をむいたれんこんは変色しやすいのですぐ水に浸ける。

2

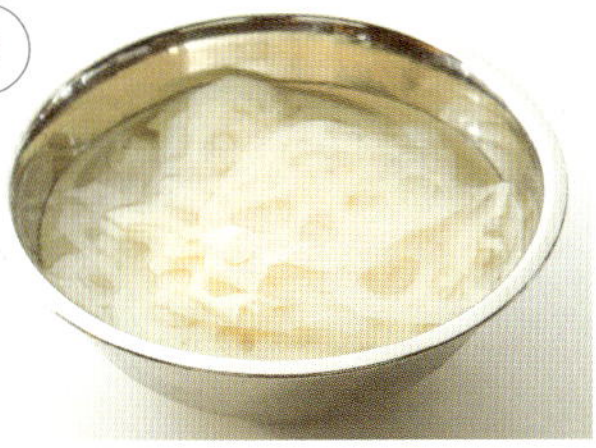

何度か水を取り替えながら5分ほど浸けてアクを抜く。ゆで過ぎに注意しながら沸騰したお湯で1〜2分ほど煮てザルにあげ、水にさらさずにうちわでおおいで早めに冷まし、米酢Aをまぶしてなじませる。

3

生椎茸の石突きを切り落とし、細切りにする。Bとともに鍋に入れて強火で加熱し、沸騰したら弱火に落として1分ほど煮て火を止め、自然に冷ます。

4

枝豆を塩ゆで（分量外）し、ザルにあげてそのまま冷まし、さやから取り出す。

5

③に米酢Cを加え、味をみながらあら塩を加えて調え、②④とあえる。米酢は比較的まろやかな風味が特徴で、やさしい仕上がりになる。酢はさまざまな製品が市販されているので好みに応じて使い分けてみるのも楽しい。

ポイント

●れんこんに含まれるムチンという成分は、加熱するともっちりした食感になりますが、酢によってその粘り気が失われて一転シャキシャキした食感になるため、酢とれんこんは昔から相性のよい組み合わせとして親しまれてきました。
●酢のものにも彩りを考えて緑色の食材を加えたいところですが、葉ものはしばらく酢に浸けておくと大きく変色してしまうのですぐに食べるのでなければ避けた方がよいでしょう。

□ノート

悟りを開いた尊敬すべき聖者を仏教では〝阿《あ》羅《ら》漢《かん》〟略して〝羅漢〟と称します。国宝の十六羅漢図や、永平寺の山門二階に奉安された五百羅漢像などを拝むとわかるとおり、大勢おられる羅漢さまはどなたも表情豊かで、一人として同じ顔はおられません。同様にれんこんの輪切りもそれぞれ形が異なることから、羅漢図にかけて酢ばすを〝羅漢酢あえ〟と呼び、羅漢さまの縁日にお供えします。そう言われれば、れんこんの輪切りが羅漢さまのお顔に見えてきませんか。
なお、とても甘い羅漢果という果物を貴重な砂糖の代用としたことから、甘酢あえを総じて羅漢酢あえと呼ぶという説もあります。

焼き生湯葉のなめこおろし和《あ》合《え》

大根、長芋、りんごなどをすりおろすと、固形時とはまったく違う食感と風味が生まれ、具をまとめるあえしろに適した状態となります。とろけるような湯葉を香ばしく焼いておろしの辛味と対比させましょう。

［ 材料・4人分 ］

生太巻湯葉 … 200～300g
生なめこ … 150g
A 昆布だし … 1カップ
　酒 … 大さじ1
　しょうゆ … 大さじ2と1/2
大根 … 500g
大根葉 … 30g
あら塩 … 少々

1

生太巻湯葉を焼き網で加熱して焦げ目をつける。ほどよく焦がすことで、内部は湯葉独特の柔らかい食感を保ちながら表面だけ固く焼き締めると同時に香ばしくなり、食欲刺激効果が期待できる。網がなければ張り付き防止加工がなされたフライパンか、オーブンを使う。焼いたら幅2cmほどに切る。

2

生なめこをほぐし、Aとともに鍋に入れて煮る。生なめこは煮るとかなり縮むので、水分が足りないと思うくらいがちょうどよい。火が通ったら自然に冷まして味をなじませておく。

3

おろしあえには大根の中央部分が適している。太いままでなく、縦に1/4に切り細長くするとおろしやすい。おろし金の目の細かい側に斜めにせず平行にあて、無理な力を入れず前後におろすと美味しくなる。

4

おろしたらザルにあげて水気を自然に切る。おろしの汁は栄養豊富だが、料理に利用するほどの量はないので捨てずに飲んでしまうとよい。味をみながらあら塩を加える。

5

大根の葉を2cmほどに切り、塩ゆで（分量外）する。①、煮汁を切った②とともに④の大根おろしであえて盛りつける。

ポイント

●大根の皮をむかずおろすと、より辛く野性味あふれる味が出ます。大根おろしの魅力は辛味にありますが、20分ほど経つと辛味がぬけはじめるのでおろしたらラップをして早めに使います。細かい目でゆっくりおろす方が辛味が出やすいですが、辛すぎて使いにくい場合はしばらく放置するか、酢かサラダ油をごく少量加えると和らぎます。

□ノート

プラスチック製のおろし金は安価で便利ですが目が詰まりやすく、また水っぽくなりやすいため、できれば長く使える銅の手目立てのおろし金をお薦めします。おろしは加熱しない生ものなので、食材をしっかり洗ってきれいな器具を使い、衛生的に調理しましょう。

甘《かん》藍《らん》胡麻酢和《あ》合《え》

キャベツの甘味がまろやかな胡麻の風味とほどよい酸味にマッチします。
慣れないうちは胡麻をするのは苦労するため、市販の練り胡麻を利用してもかまいません。
酢を加えなければよりベーシックな胡麻和合になります。

［ 材料・4人分 ］

キャベツ … 300g
薄揚げ … 1枚
えのき … 100g
炒り胡麻 … 大さじ7～8
A 昆布だし … 大さじ2
　酒 … 大さじ2
　みりん … 大さじ1
　砂糖 … 小さじ2
　しょうゆ … 大さじ1
米酢 … 大さじ2～3
あら塩 … 少々

キャベツを切る。まず厚くて固い芯の部分をそぎ切り、細かく切る。他の部分はざく切りにする。

キャベツを熱湯に入れてゆで、ザルにあげる。水にさらすとせっかくの甘味が失われてしまうので、アクがほとんどないキャベツは水にさらさずザルで自然に冷ます。

焼き薄揚を作る。熱したフライパンに薄揚げをフライ返しで押しつけて焦げ目をつける。両面カリカリになったら縦に半分に切り、細切りにする。

④

えのきの根元を切り落とし、使う部分を長さ半分程度に切る。根に近い部分は切っただけではほぐれないので手でばらすか、フォークで縦にすいてほぐす。鍋でゆでてザルにあげ、冷ます。

すり鉢で炒り胡麻を油が出るまですりおろす。ある程度すれたらAを鍋でひと煮立ちさせて加えてさらにどろどろになるまですりあげ、米酢を加え、あら塩を加えて味を調えよく混ぜる。
このあえしろで②、③、④をあえる。

ポイント

●胡麻は使う直前に焦げない程度に遠火で軽く炒ってからすりおろすと香ばしさが出ます。フードプロセッサーやフードミルを使えば非常になめらかでクリーミーなあえしろになりますし、胡麻の粒が少し残る程度にざっくり粗くすり鉢で仕上げるのもまた味があるため好みで使い分けます。

□ノート

薄揚げは主に関西方面で使われる名称で、関東では油揚げと呼ぶこともあります。また厚いのは関西で厚揚げ、関東では生揚げと呼んだりします。焼き目をつけてカリッとさせることであえものに食感と香りのアクセントを加えます。
献立名の雰囲気も料理のうちです。「キャベツ＝甘藍」、「かぼちゃ＝南瓜」、「さつまいも＝甘藷」、「しめじ＝占地」、「うど＝独活」、「わさび＝山葵」など、特に献立を筆書きする際には和名や漢字で表記することがあります。

ぜんまいと春菊の白《しら》和《あ》合《え》

あえものの締めくくりとして、古来愛されてきたあえものの最高峰、しらあえを学びます。ポイントは味が濃い良質の豆腐を使うことと、しっかり豆腐の水分を切ることです。裏ごしとすり鉢を使うひと手間で、とろけるようななめらかさが生まれます。

［材料・4人分］

木綿豆腐 … 200g
ぜんまい水煮 … 100g
A 昆布だし … 1カップ
　酒 … 大さじ3
　みりん … 大さじ2
　砂糖 … 小さじ1
　しょうゆ … 大さじ1
春菊 … 200g
花麩 … 10g（乾燥状態）
あら塩 … 少々

1

木綿豆腐をペーパータオルなどで包み、1〜2時間ほど重しをかける。驚くほど水気が出るので、途中何度かペーパータオルを交換する。漬物用の重しが適しているが、手近な野菜などで工夫してもよい。

2

厚みがもとの半分ほどに減り、力を加えるとパカッと割れる状態が充分に水気が抜けた目安。
なお夏期には冷蔵庫に入れるなどして豆腐が傷むのを防ぐ。

3

ぜんまい水煮を何度か水を替えながら多めの水に浸ける。3〜5cmの長さに切り、Aとともに鍋に入れて強火で煮る。沸騰したら弱火に落とし、5〜7分ほど煮て火を止め、自然に冷まして味をなじませる。

4

春菊を切る。葉の方は4〜5cmに切り、茎の太い部分は斜め切りにする。鍋でゆで、水にさらさずにザルにあげて自然に冷ます。春菊の葉は火が通りやすいのでゆですぎに注意する。花麩を水かぬるま湯に浸けて戻し、崩れないように絞って水気を切っておく。

5

②の豆腐をボウルで軽くつぶし、裏ごし器に載せて木べらをこするように押し当て、裏ごしする。裏ごし器はワクの部分が下向きになるように使う。目の細かさが何種類かあり、細かいほどなめらかになるが、裏ごしはしにくくなる。最後に裏ごし器の裏側にこした豆腐が付着しているので木べらできれいにこすり取る。

6

裏ごしした豆腐をすり鉢に移し、③の煮汁大さじ2〜3を加えてすりあげる。裏ごしした時点でなめらかになっているが、すり鉢ですることで空気が入り、よりふんわりとした仕上がりになる。味を見てあら塩を加え、味を調える。

7

煮汁をよく切った③、④をすり鉢に入れ、ゴムべらでよくあえる。具をレシピと変える場合はあえしろの適量が変わるため、あえしろを少しすり鉢からよけてから具をあえ、様子を見ながら必要ならあえしろを足すようにするとよい。

ポイント

●しらあえは非常に美味しいのですが足が早い（いたみやすい）のが欠点です。そのためなるべく新鮮な豆腐を使い、作り置きせず早めに食べきるようにします。気温が高い時期の弁当には向きません。昔はまず豆腐を下ゆでし加熱殺菌してから裏ごししましたが、新鮮な豆腐が入手できる現在は、ゆでると豆腐の風味が落ちるのでゆでません。
●コクを出したい場合はあえしろにすり胡麻か胡麻ペーストを加えます。しらあえはまろやかで豆腐の甘味が出るので、春菊やふきのとう、山菜など苦みのある食材や、ぜんまいやこんにゃく、ごぼうなど食感が固い食材を一つは加えると互いの持ち味が引き立ちます。なお、かぼちゃやさつまいもなどの固形物をあえるときは加える煮汁を増やして緩めのあえしろに仕立て、葉ものなど柔らかい食材が中心のときは煮汁を減らして少し固めにします。また、裏ごしせず直接すり鉢ですれば粗めで田舎風の素朴な仕上がりになります。

□ノート

ぜんまい水煮は、多少高価でも国産品をお薦めします。外国製のものは保存料など薬品臭が強いものが多く、そのまま煮ると奇妙な味がする場合が多いので、しっかり水にさらして水抜きし、さらに多めのお湯で下ゆでして雑味を抜く手順を加えます。

きんぴらごぼう

まずは精進料理の定番、きんぴらごぼうを
通じて炒めものの基本を学びます。
胡麻油で炒めたときの香りの良さといったら、
思わず唾を飲んでしまうほど。
甘じょっぱく炒めたごぼうの食感は、
きっとやみつきになります。

［材料・4人分］

ごぼう … 150g（太め1本）
にんじん … 50g
胡麻油 … 大さじ1
A 酒 … 大さじ2
　砂糖 … 大さじ1
しょうゆ … 大さじ2
みりん … 大さじ2
白胡麻 … 小さじ1/2
一味唐辛子 … 少々

ごぼうは皮周辺が最も味がよく栄養も豊富なので皮はむかない。たわしでこすり、泥をよく洗い流す。使用済みのアルミホイルを軽くまるめてたわしの代用にしてもよい。

ごぼうを5㎝程度の長さに切り、まず縦方向に薄切りし、それをさらに棒状に切る。このときの太さで食感と仕上がりが変わる。割り箸ほど太く切ってもよいし、逆に非常に細い針状に切ってもよい。今回は一般的な2～3㎜ほどの太さ。

そぎ切りもきんぴらごぼうによく合う。まず縦に十字の切り込みを入れ、鉛筆を削るような感じで先の方をそぐ。

切ったらすぐに色が変わりはじめるので多めの水に浸ける。なお最近のごぼうは昔に比べてアクが弱くなっているものが多いので、あまり長く浸けていると、ごぼうの風味が抜けきってしまうため、一度水を替えて1～2分ほど浸ければ充分。

5

にんじんをごぼうと同じ形に切る。にんじんはごぼうより少し細めに切った方が見栄え良く仕上がるが、慣れないうちはごぼうに火が通るより先ににんじんが柔らかくなり折れてしまいがちなので、見栄えを気にせずにんじんを太く切った方が、味もわかりやすくなってよい。

フライパンに胡麻油を引いて熱し、温まったら水気を完全に切ったごぼうとにんじんを炒める。強火が望ましいが、慣れないと焦げるので中火でもよい。油が充分回ったらAを加え、さらに1～2分ほど炒める。

Aの水分がほぼなくなったらしょうゆを加え、さらに30秒ほどしたらみりんを加えてそこから1分ほど炒めて火を止める。みりんを最後に入れるのは照りを出すため。好みで白胡麻と一味唐辛子をふる。

ポイント

●きんぴらは精進料理の炒めものの基本です。僧侶や寺院を敬称して〝御坊〟ともいうため、〝きんぴら御坊〟と表記することもあります。れんこん、大根やうどの皮、こんにゃく、ゴーヤーなどさまざまな食材に応用が利きます。保存性も高いため、多めに作って保存容器などで保存すれば常備菜として重宝します。
なお、炒めものにはフッ素加工などの焦げないフライパンよりも、慣れれば鉄製の方が高温になり有利です。

●プロの中華料理のように、できれば少し多めの油を用い、高温の火力で具と油が接している部分が一瞬で素揚げ状態になるようにしつつ、焦げないように混ぜながら炒めるのが理想ですが、家庭の鍋や火力では難しいのが現実です。そのため油の量はおさえ、しばらくしたら酒やだしなどの水分を加え、炒め煮や蒸し煮に近い状態で炒めるとよいでしょう。水分が多ければ焦げにくくなるかわりに水っぽくなり、炒めものらしくなくなってしまうので加える量に注意し、蒸発しやすい酒やみりんを使うようにします。
また鍋を振って具を混ぜるのが理想ですが、初心者やIH調理器を使う場合は無理せずフライパンは固定して箸やへらで混ぜるようにしましょう。

茄子味噌炒め

味噌と茄子の絶妙な組み合わせに、
ついついご飯が進みます。
塩気が強い味噌は避け、
甘めの味噌を使いましょう。
パプリカとズッキーニの代わりに
ピーマンやきゅうりでも
美味しく仕上がります。

［材料・4人分］

茄子 … 300g（4本）
ズッキーニ … 100g（1本）
しめじ … 100g
黄パプリカ … 50g
A 味噌 … 大さじ4
　酒 … 大さじ2
　みりん … 大さじ2
　砂糖 … 大さじ1
　ザラメ砂糖 … 小さじ1
サラダ油 … 大さじ1～2
あら塩 … 小さじ1/4
酒 … 大さじ1

1

茄子を乱切りにする。へたは捨ててしまいがちだが、無駄にせず薄切りにして混ぜる。特に味噌炒めには混ぜてしまえばほとんどわからない。ただし新鮮な茄子はへたにトゲがあるので注意して取り除く。

2

切った茄子は色が変わるので水に浸ける。ただし最近の茄子は昔に比べてアクが少なく、また色が変わらないうちにすぐに炒めることができるなら水に浸ける作業は略してもよい。水に浸けた場合は炒める前にしっかり水気を拭き取る。

3

ズッキーニを輪切りにする。しめじをほぐす。パプリカの種を取り、細切りにする。

4

Aを小鍋で加熱し、味噌だれを作る。具を炒めながら味噌や酒などを順次加える方法もあるが、初心者にはうまく混ぜることができず焦げたり無用に炒め時間が長引いたりするため、こうしてあらかじめ味噌だれを作っておき加える方法がよい。

5

フライパンにサラダ油を引き、水気をよく拭いた茄子を炒め、すぐにあら塩を加える。すぐに塩を加えて炒めることで浸透圧作用で茄子の水分が染み出て、油が染みやすく、また火が通りやすくなる。強火が望ましいが慣れないうちは中火でもよい。1～2分炒めたら、しめじとズッキーニを加え、油が回ったら酒を加え、さらに茄子が充分柔らかくなるまで炒める。酒を加えた後はなるべく早く水分を蒸発させるために強火にすること。

6

具に火が通ったら④の味噌だれを加え、炒め混ぜる。一度にすべてを加えず、様子を見ながら足していく。

7

最後に黄パプリカを加え、30秒ほどして火を止める。パプリカは炒めすぎない方が食感と色がよい。

ポイント

●初心者が失敗しがちなのは、⑤で茄子にまだ火が通らないうちに味噌だれを加えてしまうこと。味噌だれを加えたら、そこからいくら加熱しても茄子には火は通りにくく、また焦げやすくなってしまいます。かといって生煮えを警戒してぶよぶよになるほど炒めては茄子の持ち味が台無しです。余熱も含めたちょうどよいタイミングで味噌を加えるのが最大のポイントになります。

●茄子を色よく仕上げたいなら、茄子や具を油で素揚げし、味噌だれと混ぜてもかまいません。それなら生煮えの失敗はありませんが、その場合どちらかというとあえものに近い仕上がりです。炒めものの特徴は、炒めるうちに具の中にまで味噌だれが染みこむことです。特にスポンジ状の茄子は炒めることで味噌だれがしっかり染みこんで深い味わいとなります。

精進中華丼

煮汁にとろみをつける方法を
習得すれば料理の幅が大きく広がります。
また同じ食材でも切り方一つで
印象がガラリと変わることを学びましょう。
玉こんにゃくをうずら卵にみたてた
お手軽もどき料理です。

［材料・4人分］

干し椎茸 … 4枚
にんじん … 50g
ヤングコーン（水煮か缶詰）… 50g
玉こんにゃく … 150g
白菜 … 400g
サラダ油 … 大さじ2
A 昆布だし … 3カップ
　酒 … 大さじ2
　みりん … 大さじ1
　砂糖 … 小さじ2
　しょうゆ … 大さじ3
　おろし生姜 … 小さじ2程度
あら塩 … 少々
B 片栗粉 … 大さじ1～1と1/2
　水 … 大さじ2
白飯 … 2合

1

干し椎茸を水またはぬるま湯に浸けて戻し、細切りにする。にんじんの皮をむき、短冊切りにする。ヤングコーンをよく水ですすぎ、太ければ縦に半分に切って多めの水に5分ほど浸ける。玉こんにゃくを塩ゆで（分量外）し、ザルにあげて自然に冷ます。

白菜を切る。まず葉を根元から切り離してまな板にのせ、固い芯の部分と葉の部分をV字形に切り離す。

葉の部分は加熱するとかなり縮むのであまり細かく切る必要はなく、丸めてざく切りにする。

白菜の芯には大きく分けて2通りの切り方がある。芯を縦1/2～1/3に切り、そぐように斜めに切る方法。繊維を薄く横に断つことで柔らかく溶けるような食感に仕上がる。

もう一つは、芯を5㎝くらいの長さに切り、さらに縦に1～2㎝ほどに切る方法。繊維を残して縦に切ることでシャキシャキした食感を保ち歯ごたえよく仕上がる。どちらにするかはお好みで。

6

フライパンか鍋にサラダ油を引いてよく熱し、強火で水気をよく切った①と白菜を炒める。油が回ったらAを加え、沸騰したら弱火に落として白菜の芯がしんなりするまで煮て、味をみてあら塩を加える。

具に火が通ったら再度強火にし、ポコポコ噴いた状態になったら木べらで煮汁を混ぜながらBの水でよく溶いた片栗粉を少しずつ垂らすように加える。入れ終えてもゆっくり混ぜ続け、火を中火に落として30秒～1分ほど混ぜ、とろみが落ち着いたら火を止める。白飯を丼に盛り、具を上にかける。

ポイント

●とろみをつける際の注意点は、[1] 沸騰した状態で、[2] 少しずつ、[3] 混ぜながら、水溶き片栗粉を加えることです。または完全に沸騰した状態でいったん火を止めてすぐに加え、よく混ぜてすぐに点火する方法もあります。溶く水が多いと味が薄まってしまうため、慣れれば片栗粉とほぼ同量の水で溶いてもよいのですが、濃厚な片栗粉汁を一度に投入するとダマになる恐れがあるため、はじめは片栗粉の2倍程度の水で薄く溶くようにします。なお、片栗粉はいったん溶いてもしばらくすると容器の底に沈殿して水と分離してしまうため、加える直前に溶くようにします。

●逆に言えば、上記の注意点を守らないとうまくとろみがつきません。失敗すると写真のようなダマになってしまいます。

野菜の切り方

調理の段取りは、[一]食材や調味料の準備、[二]食材の切り込み、[三]調理と味つけ、[四]盛りつけ、[五]片づけ、に大きく分けることができ、どれも欠かせない要素です。特に[二]の切り込みは軽視されがちですが、仕上がりに大きく影響するため、それぞれの食材に合った切り方で丁寧に作業する必要があります。

○ 

× 

まず包丁で野菜を切る際に必須の約束ごとがあります。[A]野菜を押さえている指先が、包丁の刃先から5〜10ミリほど離れるように指先を丸め、また第2関節のあたりを包丁の側面に少しあてて包丁の上下軌道を安定させるようにします。

これを〝猫手〟といい、はじめて包丁を握る人には違和感があるかもしれませんが、すぐに慣れますので必ずこの猫手を忘れないようにします。

[B]このように指先を曲げず、包丁の側面にも触れずに野菜を押さえると、大怪我の危険が高まります。包丁が怖い、という方はこの基本中の基本を知らない場合がほとんどです。

奥左から　みじん切り、さいの目切り、ささがき、手前左から　くし形切り、薄切り（細切り）、ざく切り

奥左から　輪切り（小口切り）、半月切り、いちょう切り、手前左から　はす切り（斜め切り）、乱切り、千切り

かつらむき

大根の皮などはかつらむきにしてから細切りにすればきんぴらなどに再利用しやすくなります。

また抜き型で押せばさまざまな意匠ができます。過度な飾りを避ける精進料理では多用しませんが、もてなし料理などに利用するとよいでしょう。もちろん抜いた周囲の部分は無駄にせず、細かく切ってわからないよう料理に使います。

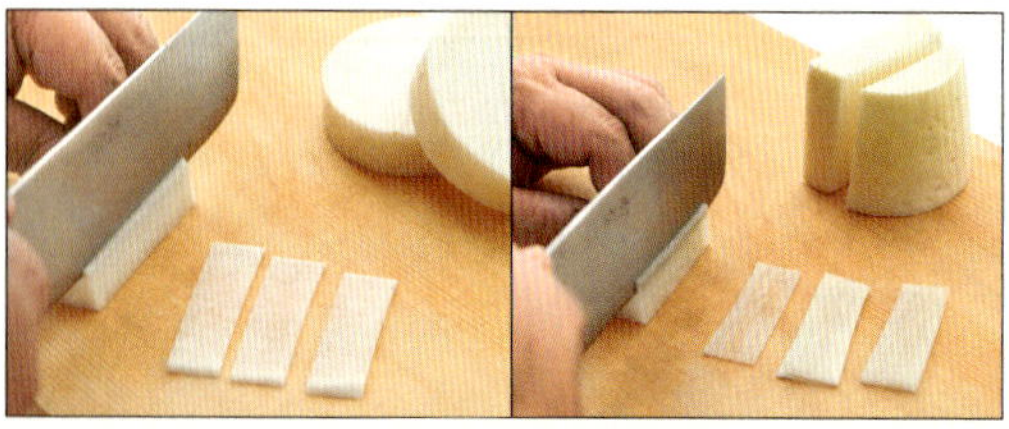

短冊切り

拍子木切り

また同じ切り方でも、素材を切る向きで食感と仕上がりが変わります。大根の繊維に対し平行に切れば（写真右）シャッキリとし、横向きに切れば（左）柔らかくなります。

ミニレシピ

うどの皮のきんぴら

かつらむきにしたうどの皮を細切りにし、サラダ油を引いた鍋を熱して炒め、酒、しょうゆ、塩で味つけする。

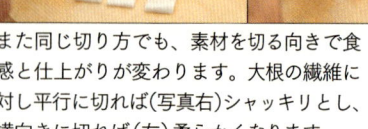

基本ノート3

包丁の研ぎ方

私の料理教室の参加者の中には、とんでもなく
切れない包丁を持参する人が少なくありません。
中には購入してから一度も研いだことがないと
平気な顔で言う方もおられますが、
どんな高価な包丁でも
研がなければすぐに切れなくなり、
簡易研ぎ器や研ぎ棒では一時しのぎにしかなりません。
食材の繊維を鋭利に切断しないと味の染みや食感、
見栄えや能率が悪くなる上に、
余分な力が加わり危険です。
覚えてしまえば特別難しいことではなく、
手間もかかりません。
こまめに包丁を研ぐくせをつけましょう。

［一般的な両刃包丁の研ぎ方］

［A］原則として砥石は使用前に10～30分ほど全体を水に浸けて吸水させます。

初心者は入手しやすく扱いやすい人工砥石の＃1000～＃2000を用意します。

［B］まず包丁側面を研磨布で磨き汚れやサビを落とします。

［C］［D］滑り止めの濡れ雑巾の上に砥石を置き、包丁の刃を手前、握りを右に向け、左右をやや斜めにします。この角度が急な方が一度に広く研げますが、難しければ写真程度の角度からはじめましょう。

向こう側の背の部分を2～3ミリ程度砥石面から上げ、指で刃を押さえて刃が接する部分と角度を変えないようにそのまま前後に往復させて研ぎます。しばらく研いだら刃の先端、中程、根元側と、刃が接する部位を替えて同様に研ぎます。

［E］次に裏側を研ぎます。刃を向こう側に向け、同様の角度で前後に動かします。無理に力を加えず、砥石面に向かって下方向にやや力が加わる程度です。うまく研げた場合、注意して指の腹で刃に触れた場合ザラッとした感触となり、慣れると刃先が丸まった状態との差が指先でわかるようになります。

［F］研ぐ際は砥石の表面に水をかけ、常に少し濡れた状態にします。事前の浸水が不充分だと、水を吸って表面が乾いてしまい研げません。また前後に動かす際に黒い粉(砥くそ)が出ますが、この粒子で包丁を研ぐため、研ぎ終わるまでは洗い流しません。また表面の水の量が多すぎると粒子が薄まってうまく研げません。

なお、ステンレスやセラミック製などの包丁は初心者には研ぎにくいものも多いため、まずは鋼製の包丁で研ぐ練習をしましょう。ただし錆びやすいので水分や汚れをまめに拭きとるようにします。また、写真だけでは実際の動きがよくわからない方は、刃物店や料理教室で包丁を研いでもらって見学するとよいでしょう。なお、このあとさらに細かい砥石で仕上げ研ぎをすれば切れ味が長持ちします。

A

B

C

D

E
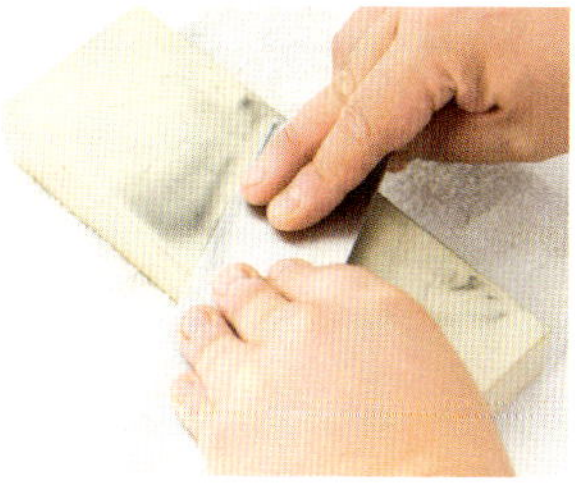

F

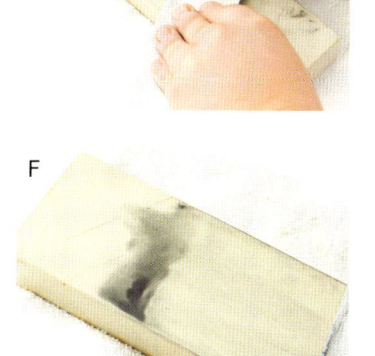

白飯・白粥

いくらおかずを美味しく作っても
ご飯が今ひとつではもったいない。
美味しいご飯の炊き方を確認しましょう。
また、消化がよく経済的な
おかゆは古来禅寺の厳しい修行を
支えてきた歴史ある健康食です。
体調が悪いときだけでなく、
ぜひ常食をお薦めします。

白飯

［材料・4人分］

白米 … 2合半

水 … 適量（釜の基準線に従う）

① お米を研ぐ。乾燥したお米は水に浸けると急激に吸水する。はじめのとぎ汁はぬかの成分が多く出て真っ白になるが、この状態でもたもたしているとお米がとぎ汁を吸ってぬか臭くなってしまう。それを防ぐため、はじめの水は軽く研いでとぎ汁が白く濁ったら手早く水を取り替える。2度ほど水を替えて吸水が穏やかになったらゆっくり研ぐとよい。

② 昔は精米技術が粗く、また大量に炊くことが多かったため手のひらを押しつけてしっかり研いだが、現在の精米で少量のお米を強く研ぐとお米が割れてしまうので、それほど力を入れずに丁寧に研ぐ方がよい。特に初心者は少量なら市販の研ぎ棒を利用した方がお米を傷めずに研ぐことができる。割れた米が多いと粘った炊きあがりになりやすい。

③ 研いだら炊く前にお米を吸水させる。この吸水時間が非常に大切で、いくら急いでいてもこれを略すとふっくらと炊くことができず、最悪の場合生煮えになってしまう。浸水したままにするか、ザルにあげて水を切るかは意見が分かれるところだが、私見ではよほど空気が乾燥していないかぎりザルにあげてゆっくり吸水時間をとってから釜に移して水加減をした方がよい。ただ最近の炊飯器は研いですぐに水加減をし、そのまま釜の中で吸水させて炊けるものもある。吸水時間は水温や室温により変え、冬期ほど長めにする。

④ 釜に刻まれた分量のラインに合わせて水加減をし、炊飯する。

⑤ 炊きあがり、10分ほど蒸らしたらしゃもじで釜の底から軽くほぐし、余分な蒸気を抜く。

④

火を止めてふたをしたまま5分ほど蒸らす。胡麻塩や梅干し、漬けものなどとともにいただく。

ポイント

●おかゆを炊くコツはなんといっても混ぜすぎない、これに尽きます。慣れないうちは手持ちぶさたに何度もかき混ぜたくなるものですが、混ぜると米粒がとろけて糊状になり、余計な粘りが出て味が落ちます。
また「人を待たせてもおかゆを待たせるな」、「おかゆは吹いて食え」の語が示す通り、おかゆは食べる時間を逆算して作り、出来たてをいただくのが一番です。時間が経つと水気を吸ってふやけてしまいます。
●白粥にはお米の甘さを引き立てるためにごく少量のあら塩を加えて炊きます。別の具や混ぜ物などを加える場合はあら塩は不要です。それほど火を通さなくてもよい具材は手順④で蒸らした後に加えます。

□ノート

おかゆは加える水の量で仕上がりが変わります。左から「お米1に対し体積で水5倍＝全がゆ」、「水7倍＝七分がゆ」、「水10倍＝五分がゆ」。体調や食欲に応じて水の量を調整しましょう。
また、水の代わりに昆布だしを使えばうまみを感じるおかゆになりますし、冷めたお茶で炊けば茶がゆ、味噌汁の残りで炊けば味噌がゆと、豊かな可能性が広がります。なお、おかゆについては拙著『粥百選』(翠香園と共著・東京書籍刊)で詳述しているのでぜひ参考にしてください。

白粥

［ 材料・4人分 ］
白米 … 1合(180mℓ)程度
水 … 白米の5〜6倍(900mℓ〜1.1ℓ)程度
あら塩 … 少々

①

お米を研ぎ、20分ほどザルにあげて吸水させる。水加減をして鍋に移す。

②

あら塩を加え、強火で火にかけ、沸騰したらポコポコするくらいのとろ火に落とし、固まったお米をほぐすためにお玉で軽く一度だけ混ぜる。

③

ふたをして15〜20分程度炊く。なおその際、噴きこぼれないようにふたに割り箸をはさんで圧力と蒸気の逃げ口を作るとよい。炊きあがるまではふたを取ったり混ぜたり決してしないこと。

ポイント

●料理の計量には1カップは200mℓを基準とする場合がほとんどですが、お米に関してはわが国の伝統を踏まえて一合＝180mℓを使います。10合は1升で、1800mℓです。炊飯器に付属するカップはたいてい180mℓで、料理用計量カップの200mℓと違うので注意してください。毎食食べきるように炊くのが理想ですが、少量炊くよりも多く炊く方が格段に美味しいため、ある程度まとめて炊いて残りは保存容器などで冷蔵かラップに小分けして冷凍し、使うごとに電子レンジで加熱するのがお薦めです。長時間の保温はしない方が味も落ちず、また釜も長持ちするようです。

□ノート

精米しても白米の周囲にはもみがらの残りが付いています。それを水で取り除くのが「研ぐ」作業ですが、近年人気の無洗米は、加工により全てのもみがらを取り去っています。そのため無洗米の計量カップは、研いで取り除くぬかの分を差し引いて、170mℓほどに少なくなっているものもあるので、他のお米や料理の計量に使う際は注意してください。また、炊飯器の機種により水加減が異なり、また吸水せずセットするよう指定するものもあるため、原則として説明書に従うのが最良です。

かぼちゃ粥

白粥に飽きたら栄養たっぷりの
根菜を加えて炊いてみましょう。
かぼちゃのやさしい甘味が
疲れた身体を癒します。

［ 材料・4人分 ］

白米 … 1合（180㎖）
水 … 6合（1080㎖）程度
かぼちゃ … 150g
とうもろこし … 50g
黒胡麻塩 … 小さじ1/2

1

お米を研いでザルにあげ、20分おく。かぼちゃを皮をつけたまま一口大に切る。煮もので出た小さな切りかすや残りを利用してもよい。水とともに鍋に入れる。

2

強火で加熱し、沸騰したらポコポコ噴く程度の弱火に落とし、お玉で一度だけ混ぜてお米の固まりをほぐす。ふたをして20分ほど炊く。

3

蒸したとうもろこしをかつらむきするようにまとめて削ぐ。または缶詰めや冷凍の粒とうもろこしでもよい。

4

ふたをあけ、柔らかくなったかぼちゃの中から5〜7粒ほどを選び、お玉の上などでつぶして再度鍋に戻し、③のとうもろこしを加えたら火を止め、5分ほど蒸らす。うつわに盛りつけたら黒胡麻塩をまぶす。好みにもよるが、かぼちゃ、さつまいもなど甘味のある食材を用いた料理には黒胡麻が合う。

ポイント

●かぼちゃ、じゃがいも、大根など根菜類をおかゆに加える場合は、はじめから炊き込みます。
それにより具材の味がおかゆに染み出て味に深みが出ますが、さつまいもやごぼうなどアクが強い具材を用いる場合は、アクの流出を防ぐためあらかじめ何度か交換しながら多めの水に浸けてアク抜きします。
好みにもよりますが、今回のように炊きあがった具材の一部をつぶして混ぜ、残りはそのまま残すことで、おかゆ全体に味が広がり、同時に固形の味も楽しむことができます。

そら豆ごはん

味付きご飯は、炊き込み式とあと混ぜ式に大別できますが、具材の風味がご飯全体に広がるのが炊き込み式の魅力です。春から夏にかけて旬を迎えるそら豆を丸ごと味わいましょう。

［ 材料・4人分 ］

そら豆 … 130g（さやから出した重さ）
薄揚げ … 1枚
白米 … 2合半（450mℓ）
A 酒 … 大さじ2
　薄口しょうゆ … 大さじ1
　あら塩 … 少々
昆布 … 5g

1

そら豆のさやから豆を出す。さやの両端を握って逆方向にねじれば割れて豆が出る。

2

①の方法だと豆が飛び出る恐れがあるので、さやのすじをはじから引き取ってすじ目から指で広げてもよい。

3

さらにそら豆の側面に包丁で切れ込みを入れ、塩ゆで（分量外）して皮をむく。その後炊飯して加熱するのであまり長く塩ゆでする必要はなく、皮をむきやすくする程度でよい。

4

薄揚げを縦に半分に切り、細切りにする。

5

お米を研いでザルにあげ、20分ほどおいたら炊飯器の釜に移し、Aを加えてから分量のラインまで水を足す。水加減が決まったら皮をむいた③のそら豆と薄揚げを入れ、最後に昆布をのせて炊飯する。炊きあがって蒸らしたら、昆布を取り除いて具を混ぜる。

ポイント

●炊き込みご飯の基本手順は、研いで吸水時間を取ったお米と味つけの調味料をまず釜に入れ、お米の分量にあった基準線まで水分を足し、水加減ができてから炊き込む具を加えます。先に具を入れてしまうと、正確な水加減ができません。また研いだお米をすぐに釜に入れて調味料と合わせるとうまく吸水しない場合があるため、事前に水だけで吸水させてから釜に入れます。炊けば具は全て上部に浮くため、具をお米と混ぜる必要はありません。具を炊き込むことで食材の持ち味がお米に染み込みますが、反面具が崩れやすくなり、色も加熱で悪くなる欠点もあります。
●うまみを出すために最後に昆布を加えるのが最も簡単な方法ですが、炊きあがって取り除いた昆布は再利用が難しく、ご飯粒が付着して無駄になるため、できればあらかじめ水にひたして取った昆布だしを使うとよいでしょう。

□ノート

炊き込みご飯は炊く量に注意が必要です。加える具の量にもよりますが、たとえば炊飯器の釜が最大5合炊きなら余裕をみて3合くらいまでにしないと、具やお米が中で対流しにくくなり生炊きになる危険があります。
また別に煮て下味をつけた具を炊き込む場合は完全に冷ましてから釜にいれないとうまく炊けません。きのこ類など炊き込む際に食材からの水気が出るものを炊き込む場合は、少し水気を少なめにします。

ひじきごはん

別に作ったひじき煮を後から混ぜ込んだひじきごはん。
炊き込み式と異なり、白米の持ち味を活かしたまま、
しっかりと味が付いたひじき煮を同時に味わうことができます。
せっかくですから、ひじき煮を常備菜として多めに作りましょう。

［材料・4人分］

- 干し椎茸 … 3枚
- 水 … 2カップ
- にんじん … 30g
- 薄揚げ … 1枚
- グリーンピース … 30g
- 長ひじき … 20g（乾燥状態）
- サラダ油 … 小さじ2
- A 酒 … 大さじ2
  - みりん … 大さじ1
  - 砂糖 … 小さじ2
  - ザラメ砂糖 … 小さじ1
  - しょうゆ … 大さじ1
- 白飯 … 2合

1

干し椎茸を水に浸けて戻し、細切りにする。にんじんの皮をむき、細切りにする。薄揚げを縦に半分に切り、細切りにする。グリーンピースをさやから出し、塩ゆで（分量外）する（冷凍、缶詰でも可）。

2

長ひじきを水に浸けて戻す。乾物は水を吸うと体積がかなり増えるため、大きめのボウルを使い多めの水に浸ける。なお、ひじきには芽ひじき（写真右）と長ひじき（左）があり、好みに応じてどちらを使ってもよい。長ひじきの場合は戻したら3～5cmほどに切る。

3

ひじきは戻すと細かい砂のような異物が出るため、ザルで軽くすすぎ、手のひらですくうようにして異物をより分けるようにする。戻し汁は薬品臭がする場合があり、使いにくいので利用しない。

4

ひじきにコクを出すため、フライパンにサラダ油を引いて熱し、水気をよく切ったひじきを炒める。油が回ったら①の椎茸の戻し汁1と1/2カップ（300mℓ）とA、干し椎茸とにんじんと薄揚げを加えて強火で煮て、沸騰したら弱火に落として15～20分ほど煮る。火を止めてグリーンピースを加え、自然に冷まして味をなじませる。

5

これでひじきの煮物が完成。このままでおかずとして食べてもよい。保存容器などで冷蔵保存すれば便利な常備菜となる。

6

白飯をボウルか飯台に移し、煮汁をよく切った⑤のひじきを加えてしゃもじで縦に切るようにしてよく混ぜる。

ポイント

●あと混ぜ式の利点は、それ自体では味が薄い食材の場合、煮るなどして事前に味をしっかりつけた状態にしてからご飯に混ぜ込むことができることです。特にひじきのようにある程度濃い甘みをつけたい時に有効です。ご飯自体には色が移らないため、色のコントラストもはっきりし、ご飯自体の味と具の味を同時に楽しむことができます。

●さらにその複合方式として、別に煮たひじき煮を煮汁とともに炊飯器に加えれば、味をつけた具を炊き込み式と同様に仕上げることもできます（下写真右）。ただし、ご飯全体に風味が行き渡るのとひきかえに、具が柔らかくなりすぎる短所もあります。どの方法で炊くかはお好み次第です。

精進太巻きとばら寿司

魚介類を用いない精進の太巻きとばら寿司です。
お寺では縁日や春秋のお彼岸など、
特別な日のごちそうとして老若男女に喜ばれています。
使いやすい粉末酢を上手に活用しましょう。

［材料・太巻きとばら寿司、それぞれ4人分］

干し椎茸 … 8枚
かんぴょう（乾燥状態）… 15g
ほうれん草（太巻きに）… 100g
太巻き生湯葉（太巻きに）… 100g
にんじん … 50g
A 昆布だし … 2カップ
　酒 … 大さじ3
　みりん … 大さじ2
　砂糖 … 小さじ2
　ザラメ砂糖 … 小さじ1
　しょうゆ … 大さじ1
白米 … 4合
昆布 … 5g
粉末酢 … 60g（大さじ4と1/2）程度
板海苔（太巻きに）… 2枚
ごぼう（ばら寿司に）… 50g
こんにゃく（ばら寿司に）… 100g
絹さや（ばら寿司に）… 25g

1

干し椎茸を水またはぬるま湯に浸けて戻し、細切りにする。かんぴょうをぬるま湯に浸けて戻し、ときどきもみこむようにほぐしながら湯を何度か替える。椎茸とかんぴょうをAとともに鍋に入れて煮る。ほうれん草をゆでて揃え絞る。太巻き生湯葉を縦1/4程度に切る。にんじんの皮をむき、細切りにして柔らかくゆでる。

2

白米を通常よりわずかに少ない水加減にして昆布をのせて炊飯し、昆布を取り除いて飯台かバットなどに移す。粉末酢をまぶし、しゃもじで縦に切るようにしてほぐしまぜる。

3

巻きすの上に板海苔を敷く。板海苔には裏表があり、ツルツルの方が巻きす側、粗い方を内側にして手前2/3ほどに酢飯を薄く敷き詰める。なお、巻きすも竹がツルツルの側を外側にする。海苔巻きの場合は板海苔をあぶる必要はない。

4

水気をよく切った②の具を酢飯の上に並べる。はみ出た分は後で切るので気にしなくてよい。長さが足りなければ途中で継ぎ足す。

5

巻きすごと具を巻きこむ。海苔の手前のはじを、酢飯の向こうはじの部分に合わせるようにする。

6

具がはみ出た両端を切り落とす。食べやすい幅に切りわけて盛りつける。

7

煮汁を切った具を②の酢飯に混ぜればばら寿司になる。具によっては太巻きとは切り方を変え、にんじん、かんぴょうなどは細かく切る。今回は、ばら寿司にはごぼうをそぎ切りに、こんにゃくを小口切りにしてかんぴょうや椎茸の煮汁とともに下煮し、絹さやを塩ゆでして加えた。柔らかいほうれん草はばら寿司だと混ぜる際に崩れやすいため、絹さややいんげんなどしっかりした青物の方がよい。

ポイント

●液体の酢に砂糖などを混ぜた合わせ酢や、市販の寿司酢を使ってもよいのですが、慣れないと酢飯が水っぽくなるため、粉末酢がお薦めです。大量の酢飯を作る際はうちわで扇いで余分な水分を飛ばしますが、少量の場合はそれほど蒸気は出ず、また粉末酢が飛び散ることもあるため、うちわは必要ありません。それよりも温かいうちに酢を加えないとなじまなくなるため、手早く混ぜる方を優先します。なお、混ぜながら味見すると酢が濃いように感じても、冷めて酢がなじむとだいぶ和らぐため、少し多めに酢を混ぜるようにします。

●太巻きでは酢飯を載せていない部分の海苔を重ねてのりしろにしますが、（手順⑤）酢飯を向こうふち近辺まで敷いてのりしろを狭くすれば、巻いたときに酢飯が外周にぐるっと入り、芯に具が位置するように仕上がります。慣れないうちは酢飯の幅を広くして、のりしろを狭くすると巻くのが難しいため、具が多少偏ってものりしろを多く取るようにします。切り揃えた両端は海苔を外してばら寿司に混ぜれば無駄が出ません。

じゃがいもとわかめの味噌汁

ぜひとも覚えたい和食の基本献立です。
ほっこり暖かな滋味が、
一日の活力を与えてくれます。
四季折々の旬の食材をうまく組み合わせましょう。

［ 材料・4人分 ］

じゃがいも … 300g
薄揚げ … 1枚
生わかめ … 30～50g
（塩蔵わかめの場合50g）
A 昆布だし … 4カップ
酒 … 大さじ3
味噌 … 大さじ3～4程度
（塩分に応じ調整）
しょうゆ … 小さじ1

①

じゃがいもの皮をむく。芽や、皮が緑色になった部分には毒性があるため注意して取り除く。包丁の握り手側の角でえぐり取ってもよいが、ピーラーに芽を取り除くための突起があれば利用する。

②

薄揚げを縦に半分に切って細切りにする。生わかめを一口大に切る。塩蔵わかめの場合は冷水ですすいで塩を洗い流し、多めの水に3～5分ほど浸けてから切る。あまり長く水に浸けるとふやけてしまうので注意。乾燥カットわかめを利用してもよい。

③

鍋にじゃがいもと薄揚げ、Aを入れて加熱する。根菜の場合は必ず冷たい汁から煮始める。アクが浮けばすくい取り、じゃがいもが少し煮崩れはじめるくらいになったらごく弱火にし、味噌を味噌こしを使って溶く。

④

大豆の皮などが味噌溶きの底に残ったら、捨てずに鍋の中に入れる。最後に香りづけにしょうゆを加え、30秒ほどしたら火を止める。わかめは鍋で加熱すると柔らかくなりすぎるため、味噌汁を注いだうつわに加えて余熱を通す程度でよいが、心配ならわずかの時間だけ煮る。

2 具の組み合わせ例

固形物と柔らかい食材のように、異なる食感の食材を組み合わせるとバランスよく仕上がります。豆腐となめこを同時に口に入れても違和感はありませんが、たとえば豆腐とかぼちゃを組み合わせると固い固形物と柔らかい固形物でかぶってしまい、同時に口に入ると互いのよさを損なってしまいます。逆にキャベツとほうれん草のように柔らかい食材だけを重ねても、固形物がなく食べ応えのない味噌汁になってしまいます。けんちん汁のような具だくさんの特殊な汁を除き、大きめの固形物１種＋葉ものなどの柔らかい具１種で組み合わせるのが基本です。さらにもう一種加えるなら、各食材の持ち味を損ねない組み合わせを考えます。

3 上のせするなら

主な具の他に上のせすると彩りをよくしたり季節の風味を添える効果があります。

1【貝割れ大根】 2【柚子皮細切り】
3【生姜細切り】 4【木の芽（山椒の若葉）】
5【大根やかぶの葉】 6【三つ葉】
7【みょうが細切り】 8【大葉（しその葉）】

ふだんの味に飽きたらさっとふりかけて変化をつけましょう。

1【粉山椒】 2【一味唐辛子】 3【白胡麻】 4【七味唐辛子】

ポイント

●味噌を加えてから沸騰させてしまうと味噌の香りが飛んでしまいます。そのため具に火が通ってから味噌を加えるようにし、また、味噌を加える際は弱火に落とします。
鍋に残った味噌汁を再加熱すると風味が落ち、煮詰まってしょっぱくなってしまうため、できれば毎食必要な分だけを作り、できたてをいただくようにしましょう。

味噌汁の基本

1 味噌の種類

味噌はその素材、製法、麹の違いや塩分などによって多くの種類があります。一つの味噌を使ったシンプルな味噌汁だけでなく、複数の味噌を混ぜて溶く合わせ味噌仕立てにすれば、より深く複雑な味わいが出せます。冬は白みそ系を多くして濃厚に、夏は塩分多めの味噌や赤味噌が合いますが、具の内容も考えて調整します。なお赤味噌、豆味噌を使った味噌汁を〝赤だし〟と呼びます。

1【米味噌の白】塩分は少なく甘め。熟成が短く賞味期限は短い。あえものに最適。西京味噌など。

2【米味噌の普通】大豆に米麹を加えて作るのが米味噌。塩分も中程度で使いやすい。全国的に分布。

3【米味噌の赤】長期熟成で色が濃い。深いうまみでなめ味噌にも適す。塩分は濃い。仙台味噌など。

4【麦味噌】大豆に麦麹を加えて造る。麹が多く上品な甘みがあり、豊かな香りが特徴。九州に多い。

5【豆味噌】大豆だけで長時間熟成して造る。独特の渋みとコクが特徴。東海に多く、八丁味噌など。

揚げれんこんのすまし汁

すりおろしたれんこんを油で揚げると、
あまりの食感の変化にきっと驚くことでしょう。
お餅のようにもっちりした
揚げれんこんのすまし汁は、
まるで満月が映りこんだ湖面のようで、
風情あるもてなし料理としてもお薦めです。

［ 材料・4人分 ］

れんこん … 400～500g
片栗粉（つなぎ用）… 大さじ1
あら塩 … 小さじ1/4
片栗粉（まぶし用）… 大さじ2
ふのり … 5g（乾燥状態）
A 昆布だし … 4カップ
　酒 … 大さじ5
　みりん … 大さじ2
　薄口しょうゆ … 大さじ1
あら塩 … 小さじ1/2程度
揚げ油 … 適量

1

れんこんの皮をむき、おろし金ですりおろす。目の細かい方を使い、直角にあてて円ではなく前後にすりおろす。

2

すりおろしたれんこんから水気を絞る。水っぽいと丸めにくく揚げにくいため、しっかり絞る。絞り汁はこしてすまし汁に加えてもよい。

3

つなぎ用の片栗粉とあら塩を加えてよくこね、はじめにだいたいの量で4つに分けてから球状に成形する。このとき中に空気が入っていると油がはねることがあるのでしっかり丸める。

4

まぶし用の片栗粉を表面にまぶす。あまり厚くまぶしても油に入れたらはがれてしまうため、うっすらまんべんなくまぶすようにする。

5

160℃の油で揚げる。入れる際に投げ落とすとボチャンと跳ねて危険なためそっと入れるようにする。油に入れたら、しばらく触らないで放置する。4～5分ほど経ったら網や揚げ箸で転がし、全体が揚がるようにする。

6

こんがりきつね色になったら油から取り出す。余熱が内部まで通るように1分ほど揚げもの用の網などにおいてからペーパータオルなどで余分な油分を拭き取る。

7

ふのりを水に浸けて戻し、水を替えて3分ほど多めの水に浸ける。鍋でAを加熱し、沸騰したら弱火に下げて1分ほどしたら味を見ながらあら塩を加えてすまし汁を作る。水気を切ったふのりと⑥の揚げれんこんを椀に盛り、すまし汁をそそぐ。

ポイント

●あっさりしたすまし汁は、味が濃い混ぜご飯や酢飯などによく合います。すまし汁には主に二つの方向性があり、一つはだしそのものを味わってもらう場合で、汁の具は麩やわずかな豆腐、わかめや青物などごく少量に抑え、上質の昆布で丁寧にとった一番だしのできたてを注ぎます。だしの風味を引き立てるため、木の芽や柚子皮などを少し浮かべて〝吸い口〞にします。もう一つは、すまし汁の具を主役とする場合で、少し手の込んだ具を用意して汁は具に応じて味を調整します。今回の場合は濃厚な揚げものが主役なため、汁の味は薄めに調えます。

●油の扱いは揚げものの項（p54～）で扱いますが、今回の場合、温度が高いとれんこんの芯まで熱が通らないため、160℃近辺の低温で時間をかけて揚げるようにします。それでもうまくいかない場合は団子を二つに分け、小さくするか、コロッケと同じような小判形にして熱が通りやすくするとよいでしょう。

味噌生姜つぎ汁

雪深く寒さ厳しき冬の永平寺で、少しでも温かい料理を修行僧に食べさせたいという典座（料理長）の想いからうまれたつぎ汁。枯淡ながらそのまごころに身はもとより心まで温まります。

［ 材料・4人分 ］

焼き豆腐 … 400g
長芋 … 400g
れんこん … 200g
A 昆布だし … 2と1/2カップ（500mℓ）
　酒 … 大さじ4
　みりん … 大さじ2
　砂糖 … 小さじ1
　ザラメ砂糖 … 小さじ1
普通味噌 … 大さじ2
赤味噌 … 大さじ1程度
おろし生姜（好みで） … 小さじ1〜2
粉山椒（好みで） … 少々

①

焼き豆腐を一口大に切る。長芋の皮をあぶって焦がし取り（p48〜）参照、よく洗って皮のまま食べやすい大きさに切る。れんこんの皮をむき、厚さ1cm程度の輪切りまたは半月切りにして下ゆでする。

②

鍋に①とAを入れて強火で加熱し、温まったら味噌を2種類溶く。ポコポコ噴くくらいの弱火に落としてふたをし、7〜10分ほど煮たら火を止め、しばらく冷まして味をなじませる。

③

②の鍋を再度温めたら火を止め、おろし生姜を加える。

④

うつわに具を盛りつけ、温かい煮汁をたっぷり注ぐ。好みでおろし生姜をやめて粉山椒をふってもよい。

ポイント

●たくさんの煮汁を注ぐため、煮汁自体をおいしく飲めるように味を調えなくてはいけません。塩分の濃い味噌は避け、甘めのものを選びます。また赤味噌系を加えることで味の深みとコクを出します。写真ではだいぶ濃厚な印象を受けますが、実際に口にすると意外にもあっさりした口当たりで、嫌なしょっぱさはありません。味噌汁は味噌を加えたら香りが飛ばないように沸騰させないのが基本ですが、煮込み料理は例外です。香りは多少犠牲になってもしっかり時間をかけて火を通します。
おろし生姜を最後に加えることで香りを補うことができ、身体を温める効果が生まれますが、好みによっては生姜を加えず、粉山椒でアクセントをつけてもよいでしょう。

□ノート

広大な伽藍を持つ修行道場では、せっかくの煮ものも盛りつけて食事場所に運ぶまでに、凍えるほどの冬の寒さですっかり冷めてしまいます。そこで、いただく直前に煮汁をうつわに注ぐことで少しでも温かく供しようとする作り手のまごころがこめられた精進料理が〝つぎ汁〟です。たとえ質素でありふれた料理でも、そうした作り手の気配りや配慮で料理の美味しさは無限に高まるのです。

けんちん汁

粒状に炒めた豆腐はまるで挽肉のよう。
野菜たっぷりの禅寺の代表的なご馳走です。
残った野菜を無駄にせず
うまく活かしましょう。

［材料・4人分］

干し椎茸 … 3枚
昆布 … 5g
水 … 3カップ強
里芋 … 150g
れんこん … 100g
ごぼう … 30g
大根 … 100g
にんじん … 50g
木綿豆腐 … 200g
胡麻油 … 大さじ1
あら塩 … 少々
A 酒 … 大さじ2
　みりん … 大さじ1
しょうゆ … 大さじ2
あら塩 … 少々
大根葉 … 適量

干し椎茸と昆布を同じ水に浸けて戻し、椎茸はいちょう切り、昆布は細切りにする。それぞれ皮をむいた里芋、れんこん、ごぼう、大根、にんじんを乱切りにし、前三者は水に浸ける。他にもこんにゃく、長芋、しめじ、たけのこ、かぼちゃ、白菜、キャベツなど何でもよく合う。

木綿豆腐をp25の要領で重しをかけてしっかり水気を切り、手でつぶしてバラバラにする。油を引かずに中火で炒める。

水分が完全に飛んで粒状にまとまったら鍋の片側に寄せ、空いた側に胡麻油を入れる。胡麻油が温まったら油の上のあたりに水気をよく切った①の具と塩を入れて炒め、具に油が回ったら豆腐も混ぜほぐし、Aと①の椎茸と昆布の戻し汁を全て加える。この塩は具材から水気を染み出させ、油を染みやすくするためなのでごく少量でよい。

さまざまな具を使うため、多量のアクが出るのですくう。ただし全て取り去ってしまうとうまみやコクまで失われてしまうため、あまり丁寧に取り過ぎず、特に油分はほどよく残すようにする。
アクを取ったら弱火に落とし、ごぼうとれんこんに火が通るまで煮て、最後にしょうゆを加え、味をみてあら塩で調える。3cmほどに切った大根葉を散らす。

ポイント

●けんちん汁は具だくさんのご馳走であると同時に、残菜を利用するのに最適な禅寺のエコロジー料理です。使う具は無理に揃えず、手元にある野菜をうまく利用します。むいた皮や他の料理で出た野菜の切れ端を細かく刻んで加えることで野菜のいのちを余さずに活かしきると同時に豊かなうまみが出ます。
●豆腐をただつぶして加えるのではなく、しっかり炒めて粒状にまとめるのが永平寺の伝統。食感にアクセントを与えます。また味つけの際にしょうゆの代わりに味噌を使えば味噌けんちん仕立てとなります。
一晩おけば具に味が染みてなお美味しくなりますが、意外と傷みやすいため夏期は早めに食べきりましょう。

野菜の下処理

肉魚料理ほど大がかりではないものの、精進料理でも野菜の下処理が必要です。細かい仕事なのでつい略しがちですが、仕上がりに大きく影響する大切なひと手間です。

〔A〕みょうがや大葉など風味が濃い野菜は、新鮮なものほどクセが強いため、生で使う場合は水に浸けてアクや土臭さをほどよく抜きます。他にも里芋などの余分なぬめりや、生姜などの強すぎる辛味を抜いたりします。

浸け具合が肝心で、露地ものなどは水を何度も替えて長く浸け、逆に収穫から日が経った栽培品は浸けすぎると風味まで抜けてしまいますので調整が必要です。

〔B〕他にもアクを抜くのと同時に、切断面が空気に触れて起きる変色を防ぐ効果もあります。

〔C〕うどは酢水に浸けますが、酢の入れすぎに注意し、ごく少量を加えます。白く仕上げる料理や、酸味をつけたくない場合は片栗粉を溶いた水に浸けます。大量のアクが出て水が濁るので適宜取り替えます。

〔D〕煮ものなど加熱する料理の場合は、無理に長芋の皮をむく必要はありません。不要なひげ根をいちいち抜くのは大変なので、ガスの遠火であぶってひげ根をきれいに燃やしてから、付着したおがくずなどを洗います。

〔E〕にがうりやかぼちゃなどの種を取るには、金属製のスプーンが便利です。ざっくり取り除いた後、スプーンのフチでこすり削ぐようにするときれいな面になります。力を加えても曲がらない厚みのあるスプーンを使います。

A

C

D

E

B

手前左から　じゃがいも、さつまいも、里芋、れんこん、うど、生姜、ごぼう

F

〔F〕乾物を戻す際は、水に長時間浸けるのが基本です。時間がなければぬるま湯やお湯でも戻せますが味や風味が落ちます。かんぴょうや切り干し大根のように、途中何度かもんで水になじませた方がよいもの、乾燥わかめのように長く浸けすぎるとふやけて柔らかくなってしまうものなどそれぞれ性格が異なります。

なお、最近は乾燥方法などを特殊な技術で工夫した製品が増えてきました。たとえば高野豆腐や棒寒天、春雨などは製品によって従来の原則と異なる戻し方を指定するものがありますので注意し、説明書きに従います。また、乾物は戻すと重量が増えるため、慣れないうちは戻す量に注意します。

〔重量増加の一例〕ひじき…約10倍、わかめ…約15倍、椎茸…約5倍、かんぴょう…約5倍、切り干し大根…約5倍。

コラム

典座教訓とエコロジーの実践

永平寺の開祖、道元禅師は禅の修行道場における規範を数冊の書物として著しました。

その中の2冊が、料理係の心得と職責を説いた『典座教訓《てんぞきょうくん》』と、いただく者のあり方と作法を示した『赴粥飯法《ふしゅくはんぽう》』です。

食材への敬意と感謝を忘れず、手間と工夫を惜しまずに自らの手で真摯に調理することの大切さと、そうしてまごころこめて作られた料理をいかにしていただくべきかが懇切丁寧に教示されており、八百年近く経っても色あせることないまさしく〝食の宝典〟と言ってよいでしょう。

中でも特に学びたいのは、食材に対する姿勢です。曹洞宗の修行僧はこれらの教えに基づき、応量器《おうりょうき》と呼ばれる漆器を用い、文字通り量に応じて大小数種の器を使い分けて必要な分の食事を盛り、お米一粒も余すことなくきれいにいただきます。

現在わが国で年間に廃棄される食料はなんと2千万トンもあり、これを仮に飢えに苦しむ途上国に援助すれば5千万人が1年間助かるのだそうです。SDGs（持続可能な開発目標）が世界中で推進されている今こそ、食材の命を活かす精進料理の教えを一人一人が実践し、家庭で無駄に捨てる食材を少しでも減らす努力をしようではありませんか。

夏の浅漬け

漬物は和食に欠かせない存在です。
どうも献立がちぐはぐだな、と感じたら
漬物の質を見直してみましょう。
個性的なおかずが並べば並ぶほど、
それらをつなぎ合わせて、
全体のバランスを調えてくれます。
本書では梅干しやたくあんのように
長期保存できるかわりに少量では
難しい漬物は避け、
手軽にできる漬物を学びます。

［ 材料・4人分 ］
かぶ … 100g
茄子 … 70g
きゅうり … 50g
セロリ … 50g
にんじん … 30g
昆布 … 3g
あら塩 … 小さじ1～1と1/2

1

浅漬けにはみずみずしい野菜が最適だが、新鮮なほど泥や土、あるいは目に見えない肥料由来の雑菌などが付着している。食中毒防止のため、しっかり水ですすいで汚れを落とす。特にかぶの茎の根元をよくすすぐ。

2

余分な水気は浅漬けの大敵。野菜の水気をしっかり拭き取り、それぞれ食べやすい大きさに切る。かぶ、にんじんの皮はむいたほうが色はきれいに仕上がるが、味と食感は皮付きの方が上。好みで選べばよい。

3

少量の漬けものは特に食材と塩の正確な計量が不可欠。わずかに塩が多いだけでしょっぱくなり、少なければ漬からない。原則として食材300gにつき、あら塩小さじ1と1/2程度が基本。少し塩味が強めだが失敗なく漬けることができる。塩味を薄くすると汁気が出るのに時間がかかり、特に茄子は色が悪くなるので用いる食材を考える。大量に作る場合は食材300gにつきあら塩小さじ1の割合でよい。

4

漬物容器に食材をなるべく隙間ができないように詰め入れ、正確な量のあら塩をふる。最後に昆布をのせてふたをし、ネジを回して圧力をかける。ピリッとした味が好みなら唐辛子少量（分量外）を加えてもよい。

5

食材が縮む分ネジが緩くなるので、途中で回して圧力をかけなおすとよい。気温にもよるが半日～1日程度で水が食材よりも上がったらできあがり。昆布を取り除き、軽く水気を絞って盛りつける。

6

さらに少量であれば漬物容器でなくビニール袋に食材とあら塩を入れ、空気を抜いて結び、早くあら塩がなじむようにときどき袋の外からもむようにしてもよい。

7

または別方法として、食材を切らずに丸ごとビニール袋に入れて漬け込んでもよい。この場合、切り分けて漬ける方法に比べて食材の断面が少ない分、漬かるのに時間がかかる。反面、切り分けて漬ける場合はすぐに食べきらないと漬かりすぎてしょっぱくなってしまうが、丸ごと漬ける場合は食べる分だけ切り分ければ2日ほどは美味しさを保つことができる。

ポイント

●浅漬けは塩の浸透圧作用により、食材内部の水分を出すことでうまみを凝縮し、食べやすい食感に変化させる漬け方です。早く漬けるためには、みずみずしく内部の水分が多い新鮮な野菜を使うことと、適当な重しをかけることが重要なので、少量ならネジ式漬け容器が便利です。原則として漬ける野菜の重さの1.5％～2％の塩で漬けます。野菜300gの1.5％は4.5gで、小さじ1杯の塩は約5gです。
●浅漬けは〝即席漬け〟〝一夜漬け〟ともいうように手軽なのが魅力で、発酵しないために酸味がなく、野菜の美しい色を損なわずに漬かるのが特徴です。旬の食材を季節折々に漬けることができるため〝お新香〟とも呼ばれます。
その反面、保存性が低いため、漬かり頃を逃さないように食べきります。昨今は塩分控えめの漬けものが好まれますが、塩分濃度が低いと殺菌効果や保存性も下がるため、より衛生的な配慮が必要になります。

根菜味噌漬け

白いご飯やお茶漬けなど、
何にでもよく合う手軽な味噌漬けです。
三日ほど漬ければ、お手軽漬けとしては
比較的長めの五日程度は冷蔵保存できます。
残った味噌地は生のきゅうりやにんじんにつけていただくか、
味噌汁に利用しましょう。

［ 材料・4人分 ］

長芋 … 150g
ごぼう … 100g
大根 … 100g
セロリ … 50g（茎）
うど … 50g
A 味噌 … 300g
　酒 … 大さじ3
　みりん … 大さじ5
　砂糖 … 小さじ1

①

長芋のひげ根をあぶり焼き（p48）、皮ごと縦半分に切る。ごぼうをたわしでこすり、丸ごと固めに下ゆでし、ザルにあげて自然に冷ます。大根の皮をむき、縦1/4に切る。セロリとともに塩小さじ1/4（分量外）をまぶして塩もみする。うどの皮をむき、水2カップに酢小さじ1（分量外）を加えた酢水に5分ほど浸ける。

②

鍋にAを入れて木べらで混ぜながら強火で加熱し、沸騰したら弱火に落として5分ほど練りあげ、火を止めて自然に冷ます。

③

②を完全に冷めた状態でバットや保存容器に移し、塩や水気をしっかり拭き取った①の具を漬け込む。できるだけ容器ごと冷蔵庫で保存する。好みの時間で取り出し、よく味噌をぬぐって食べやすい形に切って盛る。

④

左は丸1日漬けた長芋を切った断面で、周辺部だけに味噌が染みた状態。右は5日漬けた状態で、だいぶ縮んだ上に味噌が内部までしっかり染みこんでいる。どの程度の長さで取り出すかはお好み次第だが、まずは3日程度を目安に。一日で取り出した場合は味噌地をのせて盛りつければ味を補える。

ポイント

●あまり塩気が濃い味噌は避け、低塩分の味噌を使います。複数の味噌を合わせればよりうまみが増します。漬けた後の味噌地は短日数の漬け込みなら2～3度は使い回すことができます。5日程度漬けた場合は野菜から出た水気で味噌地が薄まってしまうため、あと1度ほどしか使えません。使い終えた味噌地は捨てずに味噌汁などに使います。野菜の風味が溶け込んだ味わい深い味噌汁ができあがります。

●食べる際の形に切って漬け込むと断面が増えて水気が出やすくなり、味噌地が早く薄まってしまうため、なるべく固まりのまま漬けて食べる際に切るようにします。

白菜塩麹漬け

わずかの量で驚くほど食材のうまみを
増してくれる発酵調味料、塩麹。
だいぶ身近になったとはいえ、まだまだ機会が
なくどう使ってよいかためらう方も
少なくないようです。
上手に使って精進料理の幅を広げましょう。

［材料・4人分］

白菜 … 300g
あら塩 … 小さじ1強
塩麹 … 大さじ1～2

①

白菜を流水でしっかりすすぎ洗い、水気を完全に拭き取ってざく切りにする。ボウルに入れ、あら塩をふる。

②

塩が全体に行き渡るように混ぜながら両手でもみこむ。はじめは30分おきに何度かもみ、しばらく間をあけながら何度かもんで1～2時間ほどおく。充分柔らかくなったら白菜から出た水気を絞って塩分を抜く。

③

別の清潔な容器に移し、塩麹を加えて全体に混ぜ、さらに1～2時間ほどおく。

ポイント

●塩麹は麹に塩と水分を加えて発酵させたもので、酵素の働きにより食材のタンパク質をうまみ成分に変化させる効果が、近年注目されています。家庭で発酵熟成させて作ることもできますが、小瓶やチューブなどに小分けされた使いやすい市販品が便利です。

●塩麹に野菜を直接漬け込んでもよいのですが、大量の塩麹が必要になることと、野菜から出た水分により再利用しにくくなってしまうため、調理法としてはあえ物に近くなりますが、塩もみして柔らかくした野菜に必要なだけの塩麹を混ぜ込んで漬けおく方法がお薦めです。塩麹の量は製品により塩気が異なるため味をみながら加減してください。

茄子の揚げびたし

油で揚げることを覚えれば、
そろそろ初心者も卒業です。
煮ものや炒めものと違い、素揚げなら
食材の色をきれいに出すことができます。
つややかな茄子紫を見れば暑い夏でも
自然と食欲が湧いてくるでしょう。

［材料・4人分］

大葉 … 4枚

A オリーブ油 … 大さじ2

砂糖 … 小さじ1/2

しょうゆ … 大さじ2

米酢 … 大さじ3

茄子 … 小8本

ピーマン … 1個

揚げ油 … 適量

①

よく洗った大葉の茎を取り除き、細かなみじん切りにする。Aとともにボウルに入れ、泡立て器か小マドラーでよく混ぜ、青じそドレッシングを作る。

②

茄子のへたを取り除き、縦に半分に切る。揚がりやすさと見栄えを考えて包丁で1cm程度の切れ込みを入れる。はじめに斜めに等間隔で入れ、茄子の向きを変えて交差するように入れて格子状に切り込む。
ピーマンのへたと種を取り除き、輪切りにする。

③

③

油鍋の半分程度まで油を注ぎ、強火で加熱する。油の温度が170℃になったら火を弱め、温度計を見ながら火力を調整して温度を安定させ、茄子を入れて素揚げする。衣や粉などを何もつけずに油で揚げることを素揚げという。

④

茄子を油に入れたらしばらくは触らないようにして、片側が揚がった頃箸でひっくり返し逆側を揚げる。茄子を箸でつまんで持ち上げ、ぎゅっとへこむようになったらほどよい揚がり加減。茄子のあと、ピーマンも揚げる。茄子より小さいのですぐに揚がるため揚げすぎに注意する。

⑤

熱湯をさっとかけ、油抜きする。油抜きとは余分な油を熱湯をかけたり布などで拭き取ったりして取り除くこと。油気が気にならなければこの作業は略してよい。あまり多いと茄子が柔らかくなりすぎるので、かけ過ぎに注意する。

⑥

熱いうちに①のドレッシングに漬け込むと味が染みる。あるいは盛りつけた茄子にかけてもよい。
市販の青じそドレッシングや梅ドレッシングなどを利用してもよい。

⑦

［翡翠茄子を作る場合］へたを取り除いた茄子の皮に縦の切れ込みを入れ、同じように箸でへこむ程度に油で素揚げし、揚げたらすぐに氷水に浸け、完全に冷めないうちに切れ目から皮をむき、ドレッシングにひたすときれいな薄緑色に仕上がる。これを翡翠茄子と呼ぶ。

ポイント

●素揚げは油を使った料理の中では比較的簡単で、温度と揚げ頃にさえ気をつければほぼ失敗はありません。茄子のアクは油中に抜けるため水にひたす必要はありません。旬の露地もの茄子で特にアクが強い場合は切ったら水に浸けますが、その場合、油はねしないよう揚げる前にしっかり水気を拭き取ります。
高温の油は取り扱いには注意が必要です。油鍋をひっくり返せば大やけど、また火にかけたまま台所を離れると発火して火事になる危険もあるため、しっかり管理しましょう。

●深くて重い鍋に油を半分ほど入れて揚げるのが基本で、油が多い方が具材を入れた際に温度が下がりにくく安定するため、上手に揚がります。ただし油の量が多すぎるとあふれる危険があるので注意します。なお、慣れれば素揚げなら深めのフライパンに油を2～3cmだけ入れて油を節約して揚げることも可能です。

揚げだし豆腐

外はカリッとして中はふっくら柔らか、
甘めのだしがよく合います。
ところで美味しい揚げもの料理には、
丁寧な後始末が欠かせません。
片づけものをしっかり済ませるまでが料理です。
面倒がらずに覚えましょう。

［ 材料・4人分 ］

ししとう … 8本
木綿豆腐 … 400g
大根 … 100〜150g
A 昆布だし … 1カップ
　酒 … 大さじ2
　みりん … 大さじ1
　砂糖 … 小さじ1
　ザラメ砂糖 … 小さじ1/2
　しょうゆ … 大さじ1
片栗粉 … 大さじ3程度
おろし生姜 … 小さじ2
揚げ油 … 適量

1

ししとうのへたが長ければ切り落とす。実に2cm程度の空気抜きの穴を包丁の角であける。これを忘れると油で揚げる際に内部の空気が膨張して破裂し、油が飛び散るので要注意。

2

木綿豆腐をパックから出し、1/4に切る。ふきんかペーパータオルなどで包み、何度か交換して水気を切る。ただし白あえ（p24）と違い、豆腐内部の水分を全て抜く必要はないので重しは不要。

ポイント

●粉で包んで揚げることで豆腐のうまみをとじ込めつつ、余分な水分だけを油中に出し去ることができます。

160℃の油で揚げて豆腐の中まで火を通すのが基本ですが、生食できる豆腐なので、あえて中心部は生のままにすることもできます。その場合油の温度を170〜180℃にして早めに周囲が揚がるようにします。また、つぶれないように注意すれば絹ごし豆腐を用いて非常に柔らかい揚げだし豆腐ができます。

張りつゆは甘い味がよく合いますが、あっさり味が好みなら砂糖を減らします。

油の処理

1 揚げかすを取る

揚げるうちに片栗粉のかすが油鍋の中に分離するため、すくい網でこまめにすくって取り除きます。天ぷらのも同様ですが、天ぷらの場合〝天かす〟として利用できます。これを怠ると、かすがだんだん焦げて変色し、揚げものに付着して仕上がりが悪くなってしまいます。また揚げものを終えたら油が変質する原因にもなるため、きれいに取り除いて保管します。

2 油の保存

揚げ終わったら漉し網付きの油保存ポットなどに油ごと流し入れ、取り除きます。なお、油鍋や漉し網などは環境に配慮して直接シンクで洗わず、ペーパータオルやもんで柔らかくした古新聞で油分をよく拭いてから熱湯で洗うようにします。

3 油の廃棄

何度も使って古くなったり、色が変わったり、揚げものの臭いが付いたりした油は廃棄しますが、シンクに直接捨てることは厳禁です。油を直接流し込んで吸収する袋を利用する場合は、完全に冷めてから安全な場所で処理します。

油を固める粉を使う場合は油が熱いうちに指定分量を入れてよく混ぜ、自然に冷まします。完全に固まったら鍋から取り除いて廃棄します。油の廃棄に関する地域の規則がある場合は遵守します。使用済み油の回収リサイクルを奨励する団体などもあります。

3

おろし金で大根をすり、大根おろしを作る。Aを小鍋でひと煮立ちさせ、張りつゆを作る。

4

表面の水気をしっかり切った豆腐の全面に片栗粉をまぶす。まぶしたらあまり時間をおかずに油に入れないと粉がふやけてくるので、あらかじめ油鍋に点火し適温に保っておくこと。

5

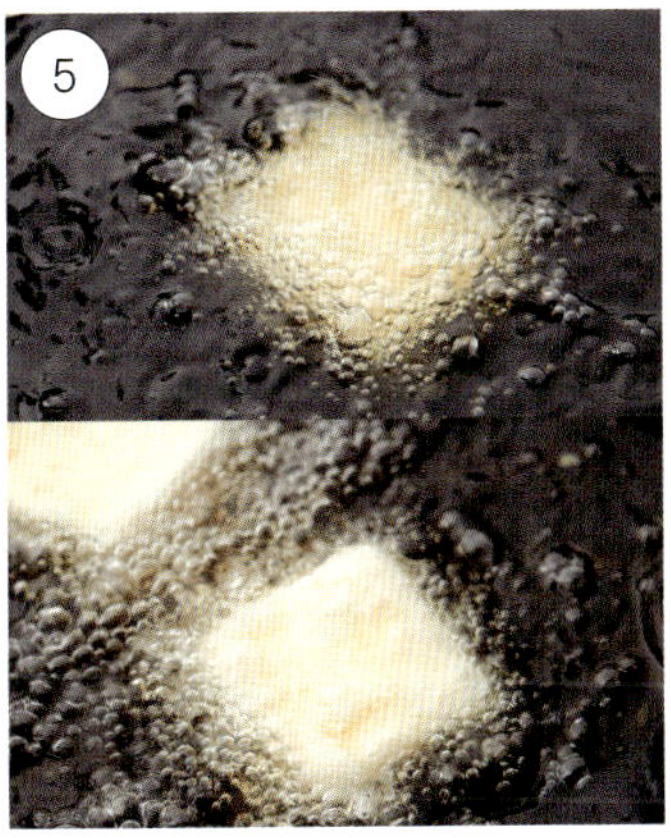

160℃に温めた油鍋に跳ねないよう注意しながら豆腐を入れる。入れたらしばらくは触らない。はじめは沈んでいるが、(写真上)ある程度したら浮いてくる(下)のでたまにひっくり返して全面に火が通るようにする。

6

きつね色になったら油からあげる。ししとうは素揚げにする。豆腐に比べてすぐに揚がるので揚げすぎに注意。うつわに盛り、大根おろしとおろし生姜を添え、張りつゆをかける。

精進揚げ

野菜だけを用いることに加え、禅僧が〝ころも〟でお経を〝あげる〟姿にちなんで精進揚げと呼びます。できたて熱々天ぷらの美味しさは、食べた人にしかわかりません。この機会にしっかり基本を学び、天ぷら名人を目指しましょう。

［ 材料・4人分 ］

さつまいも … 100g
れんこん … 100g
トマト … 1個
生椎茸 … 4本

かき揚げ用

ごぼう … 60g
にんじん … 30g
三つ葉 … 20g

薄力粉 … 140g
ベーキングパウダー … 2～3g
冷水 … 1カップ
薄力粉（かき揚げ時追加分）
… 大さじ1強
揚げ油 … 適量

①

さつまいもを皮のまま輪切りにする。れんこんの皮をむき、輪切りまたは半月切りにする。幅はともに5㎜程度であまり厚くしすぎない。アクが強い場合は5分ほど多めの水に浸けたのち、水気をしっかり拭き取る。トマトのへたを取り、くし形に切る。生椎茸の石突きを取り、軸ごと半分に切る。かき揚げ用のごぼうとにんじんは細切り、三つ葉はざく切りにする。

②

揚げはじめてから道具を揃えるようでは遅すぎるため、揚げもの用網バット、揚げ網か揚げ箸、すくった天かすを移すためのペーパータオルなどを敷いた容器を出しておく。

③

薄力粉をふるいでふるってさらさらにする。薄力粉は袋の中では湿気で粒状になっているため、このひと手間が美味しい天ぷらの第一歩。こし器の裏側がふるいとして使えるものが便利。

④

薄力粉にベーキングパウダーを加えてよく混ぜる。からりと揚がりやすくなるが、入れすぎると苦くなるので控えめに使う。次に冷水を加える。粉の湿気などで最適な水の量は異なるため、慣れないうちは一度に全て入れず、8割入れて混ぜ、様子を見て加える方がよい。

⑤

強く何度も混ぜて粘りを出さないよう、サッと混ぜるのがコツ。昔は6本ほど輪ゴムで止めた溶き箸で混ぜたが、今は小マドラーが便利。②でしっかりふるってあれば、何度もかき混ぜなくてもすぐにトロトロになる。

⑥

野菜にころもをつけ、170℃の油で揚げる。しばらくは触らないようにする。はじめは大きな泡が勢いよく出るが（写真上）、やがて泡が細かくなり（下）、きつね色になりはじめたら引き上げる。

⑦

かき揚げは最後に揚げる。それまでの溶き粉ではかき揚げには緩いため、ボウルに薄力粉を追加して濃くする。かき揚げ用の野菜を入れて混ぜ、溶き粉を適量からめて箸でつまんだまま油に入れる。そのまま20秒ほど離さずに箸先を油に沈め、ころもが固まりはじめたら離し、全体が揚がるようにときおり転がす。

ポイント

●最大の要点は油の温度です。慣れないうちは温度計を必ず使います。温度は常に変化するため、鍋に挟んで固定するタイプを使い、たえず温度計に気を配り、火力を調整します。また油温を安定させるには大きめの厚鍋で多めの油を用い、一度にたくさん具を入れないことです。

●次の要点はころもの粘り気を出さないこと。グルテン化を防ぐためには、冷水で溶き、混ぜすぎないことです。氷水を使うよう指示する料理書もありますが、氷が溶けてころもが薄まるため避け、あらかじめ冷蔵庫でよく冷やした水を使います。グルテン化して粘り気が強いころもで揚げると写真のように衣が油で長くのびるのが特徴で、衣が厚くなり火が通りにくくて厚ぼったく重い天ぷらになってしまいます。

手作りがんもどき

がんもどきはその名の通り、雁という鳥の肉に似せて作った禅寺のもどき料理で、精進料理には欠かせない花形です。略して〝がんも〟と呼んだり、関西では〝飛竜頭〟と呼ぶこともあります。手間はかかりますが、揚げものの総仕上げとして挑戦してみましょう。

［材料・4人分］

木綿豆腐 … 600～700g
干し椎茸 … 2枚
水 … 3と1/2カップ（700mℓ）
芽ひじき … 5g
にんじん … 30g
ぎんなん … 8～12粒
グリーンピース … 30g
大和芋 … 100g
片栗粉 … 大さじ4～5
A 酒 … 大さじ5
　みりん … 大さじ3
　砂糖 … 大さじ1
　ザラメ砂糖 … 小さじ1
　しょうゆ … 大さじ3
揚げ油 … 適量

①

木綿豆腐をふきんなどに包んで重しをのせ、しっかり内部の水まで抜く（p25参照）。

②

干し椎茸を水に浸けて戻し、みじん切りにする。芽ひじきを水かぬるま湯に浸けて戻す。にんじんをみじん切りにする。ぎんなんの皮をむき、1/2か1/4に切る。これらの具を鍋に入れ、椎茸の戻し汁とAを加えて加熱する。沸騰したらアクを取り除き、弱火にして3～5分ほど煮て火を止め、自然に冷まして味をなじませる。

③

大和芋の皮をむき、すりおろして豆腐と混ぜる。①の豆腐をすり鉢に入れて手でつぶす。大和芋や長芋はおろし金でおろしてもよいが、すり鉢の溝でこすれば水分があまり出ずなめらかにできる。この場合そのまま豆腐とすり鉢ですり混ぜることができ一石二鳥。

④

おろした大和芋、つぶした豆腐につなぎの片栗粉を加え、全体をよくすり混ぜる。大和芋の水分によりつなぎの量は変わるので、一度に全て加えず8割方入れて混ぜ様子を見て追加するとよい。すり鉢ですり混ぜることで空気が入ってふんわりなめらかな生地ができる。

⑤

煮汁をしっかり切った②の具を加えてさらに混ぜる。グリーンピースをさやから出して塩ゆでし、冷まして加える（冷凍か缶詰でもよい）。ひじきなどと一緒に下煮するとせっかくの青色がしょうゆ色になってしまうため、グリーンピースだけ後から加える。

⑥

⑥

小判形などに整形し、160℃の油で4～5分ほど揚げる。この分量で写真のサイズが8個できる（1人2個×4人分）。大きくするなら熱が内部まで通りやすいようにひらたくすること。また見栄えを考えて具が外側にバランスよく配置されるように丸めるとなおよい。

⑦

こんがりきつね色に揚がったら、揚げもの用網バットなどにあげて1分ほど余熱が回るまでおき、②の煮汁に入れ、3～5分ほど煮て味をつける。

ポイント

●慣れないうちは身がしっかりした固めの木綿豆腐を用います。豆腐の水気をしっかり切ることが肝心で、水気が残るとまとまりにくくなります。大和芋は長芋より粘度が高く、加えるとふっくら仕上がりますが、その分水気が加わることになるため、はじめのうちは加えずに作ってもよいでしょう。中に加える具はレシピ通りでなくても、日頃の料理で出た皮や野菜くずなどを細かく刻めば充分です。揚げたての熱々なら、煮汁で味をつけずに塩か和辛子をつけてそのまま食べてもよいでしょう。

味つけの基本と調味料

本書をここまで読み進めた方はお気づきでしょうが、精進料理には特別な調味料は必要ありません。ただし、シンプルなだけに、その選択や使い方が大切になります。

まず重要なのが、日本酒とみりんです。日本酒には、[一]うまみ成分が加わり、[二]素材の持ち味を引き出すことができ、[三]コクや甘味が加わり、[四]殺菌効果があり、[五]蒸発しやすいため早く煮汁が減り味が染みやすい、などの調味効果があります。みりんには上記に加えて、[一]より強い甘味が加わり、[二]照りが出る、などの効果があります。

特にうまみが大切な精進料理では、昆布や椎茸、酒、みりん、そして食材に含まれるそれぞれ別種のうまみ成分が混ざる相乗効果で、より重厚なうまみを引き出すように調理します。

高価な吟醸酒や大吟醸はお米を多く削って造るためうまみが少なく、また安価な日本酒には人工的な添加物が加わっており、ともに精進料理には向きません。お米だけで造ったあまり精米しないお酒が最適なのですが、飲用には向かないため従来は製品が少なく選ぶのが大変でした。最近は料理に特化したうまみ成分が多い料理酒が紙パックで販売されています。

なお、コクやうまみを出さずあっさりした味にするためにあえて、だし、酒、みりんを使わない場合もあります。

A

[A]〝料理用酒〟、〝みりん風味〟と称し、酒税法の関係で飲用できないよう塩を加えて安価に販売されているものもありますが、これは味の濃い料理等には便利ですが、繊細な精進料理にはあまりお薦めできません。

本書では、酒は料理酒ではない飲用の日本酒、みりんは本みりんを使います。

なお、僧侶は戒律で飲酒は禁じられているのでは？　とよく聞かれますが、加熱してアルコール分を完全に飛ばしますので、酔うことはなく、御心配は無用です。

B

[B]次によく使うのがしょうゆ、砂糖、塩です。一般的に〝しょうゆ〟というときは〝濃口しょうゆ〟(写真右)を指します。商品名にはただ〝しょうゆ〟と書かれている場合が多いようです。料理に色をつけたくない場合は〝薄口しょうゆ〟(左)を使います。塩気が薄いと誤解する人がいますがその逆で、薄いのは色だけで塩気は1割ほど濃いので、薄口しょうゆは使いすぎに注意します。なお〝淡口しょうゆ〟と呼ぶ場合もあります。

また、しょうゆは開封すると特に夏期は早くいたむため、できれば冷蔵庫で保存しましょう。

C

[C]塩といえば不純物を除外したまっしろでサラサラな精製塩が安価で一般的ですが、むしろその雑味の中に含まれるうまみ成分が精進料理には重要なため、未精製のあら塩を調味に用います。さまざまな製品が市販されているので、自分の味覚に合う塩を探すのも楽しいものです。なお、板ずりなどの下処理には精製塩でもかまいません。

同様に、砂糖も上白糖だけでなく、コクがあるザラメ砂糖を併用します。砂糖をなるべく使わず、みりんや酒だけで甘味をつける方が健康的ですが、しっかりした甘味を出し、保存性を高めるためにはやはり最小限の砂糖は必要です。

なお、よく調味の順番は〝さしすせそ〟といい、まず砂糖、次に塩気を加える原則を表します。これは塩の分子は大きく、先に加えると食材の細かい穴を塩の分子がふさいでしまい、後から入れた味が染みこまなくなるため、まずは分子が小さい砂糖から先に加えるのが合理的だという考え方で、実際甘味の濃さをまず決めて、それに合った塩分を足して、甘じょっぱさを調整すると味を決めやすいのは確かです。

ただし、長く煮ることができない料理や、冷まして煮汁全体の味をゆっくり染みこませる料理などでは、一度に調味料を入れてもそれほど差は出ません。時と場合により臨機応変に調味することが大切です。
〔D〕酢はまろやかな米酢が便利ですが熱に弱いため、加熱する料理には醸造酢を用います。
〔E〕ほかに胡麻油、オリーブ油、ワインなど、あまり使わない調味料は必要な料理を作る際に小瓶を買い、無用にため込まないようにします。
いずれにせよ、たくさんの調味料が市販されており、それぞれ塩加減や風味が異なるため、レシピの分量を基準として自分で量を調整する必要があります。

D

E

基本ノート6 盛りつけの基本

せっかく手間をかけて作った料理も、雑に盛りつけたのでは台無しです。美しい盛りつけは味を引き立てます。日頃からプロの料理の盛りつけはどうなっているか、お店や料理本などで興味を持って観察することも大切です。

〔F〕急いでいるとありがちなのが、汁気やたれがうつわのふちについてしまう例。これは最も見栄えが悪く、食べにくい上に食欲低下の原因になります。もしついてしまった場合はよく拭き取ってお出しします。
また、写真〔G〕左のように、うつわ全体にぺったんこでいっぱいに盛るのではなく、うつわの空間を活かすよう、周囲に少し空間をあけて余裕を取り、ひらたくせず山形に盛る(右)ときれいです。

F

G

H

〔H〕煮もののようにいくつかの固体を盛る場合は、まず大きなものを先に盛り、不安定なものを寄り掛けるように盛り、さらに小さいものをのせるようにします。
〔I〕あえものは食べるまでに時間がかかるときは汁気が出るため、右のようにあえしろをタレのようにかけて盛り、食べる人が自分で皿の中であえる〝手前あえ〟にする方法もあります。

I

蒸し野菜のくるみ酢かけ

蒸した野菜をほかほかのまま
口にしたらその甘みにきっと驚くはず。
野菜って実はとても甘いのです。
その持ち味が湧出・変質せず、
また別の味を加えることなく
加熱できるのが蒸しもの。
くるみ酢を題材にして
フードプロセッサーにも慣れましょう。

［ 材料・4人分 ］

キャベツ … 200g
かぼちゃ … 200g
かぶ … 200g
さつまいも … 80g
ブロッコリー … 200g
むき生くるみ 50g
絹ごし豆腐 … 70g
醸造酢 … 大さじ2
A 昆布だし … 大さじ1
酒 … 小さじ2
みりん … 小さじ1
砂糖 … 小さじ1
薄口しょうゆ … 小さじ1
あら塩 … 少々

食材をよく洗い、蒸しやすい形に切る。キャベツは1/10程度の固まりに、かぼちゃは厚さ1㎝くらいの薄切り、かぶはくし形、さつまいもは輪切り、ブロッコリーは一口大にほぐす。各食材を単独で蒸す場合は厚く切っても長く蒸せば火が通るが、いくつかを同時に蒸す場合は火の通りに差が出ないよう切り方や大きさを工夫する。各食材が重ならないように蒸し器に並べる。

二段式の蒸し器の場合、まず下段にふたをして蒸すためのお湯を沸騰させる。お湯が全て蒸発して空だきにならないよう、なるべく多くのお湯を用意する。

お湯が沸く前に食材をセットしてしまうと無駄に長く蒸すことになり食材の色や味が落ちるため、完全に蒸し湯が沸騰してから食材をセットし、上段にふたをして蒸しはじめる。

蒸す間にくるみ酢を作る。くるみを細かく刻んで酢と混ぜて味つけすればよいのだが、それだと少量で濃い味になってしまい、この料理には向かない。そこで絹ごし豆腐を加えることで薄くなめらかにのばすことができる。

くるみと絹ごし豆腐、醸造酢をフードプロセッサーかフードミルに入れ、Aを小鍋で沸騰させてアルコール分を飛ばし、熱いうちに加えてフードミルを通電してよく混ぜる。味をみて必要ならあら塩を加え、再度混ぜる。

野菜を7～10分ほど蒸したら竹串で刺して蒸し上がったか確認し、冷めないうちにうつわに盛り、⑤のくるみ酢をかけるか添える。

ポイント

●蒸すことで均等に火が通り、煮もののように野菜の味や栄養が溶け出すこともなく、野菜本来の甘味が際立ちます。また炒めものや揚げもののように油分が加わることもなく、あっさりした仕上がりが蒸しものの特徴です。ここまで煮る、焼く、炒める、揚げるという精進料理の基本調理法を学びましたが、どれがよいということはなく、それぞれの特徴を理解した上で食材と目的に沿った調理法を選択するのも料理の楽しみのうちです。
蒸しもので最も危険なのは空だきです。充分な量のお湯を用意します。

□ノート

フードプロセッサーは比較的多め、フードミルは少量の撹拌に向きます。一人暮らしならフードミルで充分で、ブレンダーでもかまいません。すり鉢と違い、非常になめらかでクリーミーな状態にすることができます。使用法や注意点は機種により異なります。危険がないよう、充分注意して使います。使用後は各部をしっかり洗って乾燥させて収納します。あまり長時間回し続けるとモーターが傷むため、1～2分ほど回したら中を見て、しっかりくるみが粉々になっているか確認し、まだなら再度回します。よく混ざらない機種は具材を包丁でみじん切りにしてから回します。

かぶら蒸し

卵を使わない精進茶碗蒸しです。
茶碗蒸しと違い、かぶをしっかり固める
必要はなく、すも入らないので
失敗しにくいのが特徴です。
とろけるような甘みで心から温まります。

［ 材料・4人分 ］

ぎんなん … 8個
ゆでそば … 150g
厚揚げ … 50g
生椎茸 … 2本
A 昆布だし … 1カップ
　酒 … 大さじ2
　みりん … 大さじ1
　砂糖 … 小さじ1/2
　しょうゆ … 大さじ1
かぶ … 500g
B 片栗粉（つなぎ用）… 大さじ1と1/2～大さじ2程度
　あら塩（つなぎ用）… 少々
あら塩 … 少々
C 片栗粉（とろみ用）… 小さじ2
　水 … 大さじ1
三つ葉 … 10g

1

ぎんなんの皮をむく。ゆでそばをお湯ですすいでほぐす。厚揚げを一口大に切る。生椎茸の石突きを取り除き、軸ごといちょう切りにする。厚揚げと生椎茸をAで下煮し、沸騰したら弱火に落として1分ほど煮て火を止め、味をなじませる。

2

よく洗ったかぶを皮ごとすりおろす。なるべく水気が出ないよう、おろし金の目が細かい方を使い、おろし金に垂直にかぶをあて、前後に動かす。

3

かぶの水気を軽く絞る。今回は500gのかぶをすりおろし、水気を切って350gほどになる。Bの片栗粉とあら塩を加え、よく混ぜる。

4

耐熱性のお椀に①のゆでそば、ぎんなん、煮汁を切った厚揚げと生椎茸を詰め、③をかぶせるように敷き詰める。

5

具に隙間が空くと蒸している際に陥没することがあるため、空気をある程度抜くようにして平らにする。
なおうつわの上ふちいっぱいまで詰めないようにする。

6

うつわにふたをし、充分沸騰して湯気が出ている蒸し器に入れてふたをして10分程度強火で蒸す。

7

①で下煮に使った煮汁を沸騰させ、味をみてあら塩で調える。水で溶いた片栗粉Cを少しずつ混ぜ入れて煮汁に濃いとろみをつける。器のふたをあけてとろみのついた煮汁を上に広げ、再度ふたをして3分ほど蒸す。上に三つ葉を載せ、ふたを閉めてさじなどを添えて供す。

ポイント

●つなぎの片栗粉が多すぎると食感が悪くなります。かぶとしっかり混ぜることがポイントです。かぶだけでうつわを満たすには大量のかぶが必要なので、ある程度具で埋めるようにします。中に入れる具はレシピ通りでなくてもよく、きのこ類、麸、豆類、こんにゃくなどがよく合います。今回使った〝ゆでそば〟は少し温めるだけでよい状態で袋詰めされた製品ですが、乾しそばをゆでてもかまいません。上にのせるとろみに、好みでおろし生姜を加えてもよいでしょう。
●かぶの他に、味つけした長芋や大和芋を蒸して固める〝養老蒸し〟などがあります。冷めると味が落ちるため温かいうちにお出ししましょう。

蒸したかぶの甘みと濃厚なとろみを混ぜれば絶妙な淡味が楽しめます。そばや細うどんなどからみやすい具がよく合います。

絹豆腐のトマト味噌かけ

味噌とトマト、意外ですが合理的な根拠があるのです。
昔は和食になじみが薄かった野菜を上手に使うのも
現代の精進料理に必要な工夫ではないでしょうか。

［ 材料・4人分 ］

絹ごし豆腐 … 800g
完熟トマト … 250g
オリーブ油 … 小さじ2
A 酒 … 小さじ2
　みりん … 小さじ1
　砂糖 … 小さじ1/2
味噌 … 小さじ2～3
しょうゆ … 小さじ1
大葉 … 4枚

①

市販の絹ごし豆腐のパックに入っている水を捨て、ミネラルウォーターなどに入れ替えて冷蔵庫で1時間ほどおくと味がぐっとよくなる。うまみを出したいなら昆布だしでもよい。特に冷ややっこなど生でいただく際に効果的。浸け終えた水は味噌汁や煮ものなどに使って無駄にしない。

②

よく熟したトマトのへたを取り、皮ごと乱切りにする。鍋にオリーブ油を引いて強火で加熱し、温まったらトマトを入れ、つぶれてもかまわないので木べらでよくかき混ぜながら炒める。しばらくしたらAを加え、沸騰したら弱火に落とし、煮汁が半分程度になるまで焦げないよう混ぜながら煮詰める。

③

大葉の茎を取り除き、細切りにする。多めの水に3分ほどさらす。

④

②をごく弱火に落とし、味噌を加えてさらに1分ほど練る。最後にしょうゆを加え、火を止める。
①の豆腐の水気を切ってうつわに盛り、冷ましたトマト味噌だれをかけ、水気を切った③を上のせする。

ポイント

●生ものを扱う際に大切なのはまず衛生です。調理過程で加熱殺菌できないため、器具やうつわ、手指などに充分気をつけます。生をそのまま食べるのも悪くありませんが、それだと単調で飽きてしまいがちなので、生の食材の持ち味を活かすようなたれや添え物とともに盛るようにします（貝割れ大根、生姜、みょうが、大葉、わさび、ハーブ、胡麻酢、ポン酢、山椒味噌、ふき味噌、梅肉だれなど）。

●トマトにはうまみ成分が非常に多く含まれ、意外と和食によく合う食材です。味噌を加えることで、種類の異なるうまみが混ざる相乗効果で非常においしいトマト味噌だれができます。そうめんにからめてパスタ風にしたり、茄子などの揚げものやサラダにもよく合います。トマトの皮や種にもうまみ成分が多いため、取り除かずに使います。あまり塩気が強くない甘めの味噌がよいでしょう。

五目豆

煮豆は栄養豊富で常備菜にもなる
優れた伝統精進料理です。
ところが手間と時間がかかるため
最近は残念ながら敬遠されがちのようです。
圧力鍋の使い方を学び、時間短縮しながらも
美味しい煮豆を作りましょう。

ポイント

●乾燥大豆を使った煮豆は豆本来の歯ごたえと風味がほどよく残り、昔なつかしい素朴な味わいに仕上がります。柔らかい煮豆がお好みなら煮た状態で市販されている「煮大豆」を使うとよいでしょう。加える具は今回は五目豆なので5品にしましたが、好みで増減させてもかまいません。他にごぼうやれんこん、ひじきなどがよく合います。柔らかい食材はふたを開けた後で加えますが、煮崩れを気にしなければ全ての具を加えて圧力をかけて炊けば、より簡単に作ることができます。

□ノート

圧力鍋は使い方を誤ると危険なので、製品の説明書をよく読んで正しく使用します。特にふたの閉め方と圧力抜き弁の確認が大切です。加熱途中で水分がなくなり、空だきになるのが最大の失敗です。火加減を変えていないのに弁から蒸気が出なくなったり、焦げた臭いがしたら要注意です。それを防ぐために、本レシピではかなり多めの煮汁を設定しているので、まず空だきの心配はないでしょう。残った煮汁は煮ものやめんつゆなどに使ってください。また、普通の鍋と違い、火を止めた後すぐにふたを開けるのは危険です。ある程度冷まして具に味をなじませ、圧力が下がってから開けましょう。

［ 材料・4人分 ］

大豆（乾燥）… 1と1/2カップ
（230g程度）
干し椎茸 … 5枚
こんにゃく … 100g
にんじん … 50g
とうもろこし … 50g（冷凍か缶詰）
グリーンピース … 30g（冷凍）

A 昆布だし … 5カップ
酒 … 大さじ5
みりん … 大さじ3
砂糖 … 小さじ2
ザラメ砂糖 … 大さじ1
しょうゆ … 大さじ3

あら塩 … 少々

1

大豆を多めの水に一晩浸けて戻す。丸い粒が吸水すると楕円になる。乾燥したまま圧力鍋に入れる方法もあるが、より短時間で失敗なく炊くには吸水のひと手間が重要。同時に干し椎茸も別のボウルに浸けて戻す。

2

干し椎茸とこんにゃくを豆と同じくらいの大きさに切る。この場合は粉こんにゃく（p15）がよい。水気を切った①の大豆とともに圧力鍋に入れ、Aを加えてふたを密閉する。

3

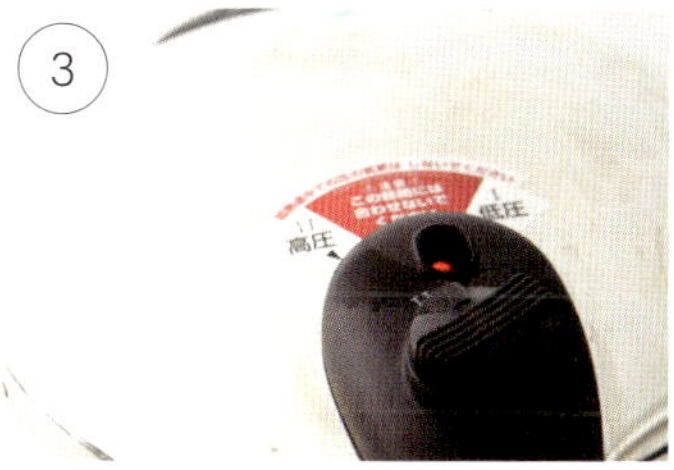

製品により形状は異なるが、圧力鍋には蒸気穴がある。まず強火で加熱し、水分が沸騰して圧力が高まり、蒸気穴から勢いよく湯気が出はじめたら、蒸気が弱めに出続ける程度の弱火～中火に落とす。25～30分程度加熱して火を止め、ふたを開けずに冷めるまで待つ。

4

にんじんをこんにゃくと同じくらいの大きさに切る。ふたを開け、にんじんととうもろこしを加え、ふたをせずに圧力鍋を通常の鍋のように使って、先ほどの煮汁のままで強火で加熱する。沸騰したら味を見て必要ならあら塩を加え弱火に落とし、20分程度煮て火を止め、最後にグリーンピースを加える。

切り干し大根と山クラゲの胡麻炒め

長期保存できて栄養豊富な乾物は、雪に閉ざされ人里と隔絶される修行道場で重宝されてきました。乾物利用法の基本を学びましょう。

［材料・4人分］

干し山クラゲ … 70g
切り干し大根 … 15g
（乾燥重量）
干し椎茸 … 3枚
ごぼう … 50g
胡麻油 … 大さじ1と1/2
塩 … 少々
A 酒 … 大さじ2
　みりん … 大さじ1
しょうゆ … 大さじ1〜2
あら塩 … 少々

1

干し山クラゲと切り干し大根をそれぞれ水に浸けて戻し、3〜5㎝くらいに切る。干し椎茸も同様に戻し、細切りにする。ごぼうを細切りにし、水に5分ほど浸ける。

2

フライパンに胡麻油を引いて熱し、よく水気を切った①を強火で炒める。家庭での炒めものでは、はじめに塩を少しふると食材の余分な水分が染み出て焦げにくくなり、またうまみも出る。油が回ったらAを加えて炒め、ごぼうが柔らかくなったらしょうゆを加え、味をみてあら塩で調えて火を止める。

ポイント

●山クラゲはかつて皇帝に献上されていたことから〝貢菜〟や〝皇帝菜〟とも呼ばれる中国野菜です。独特の風味とコリコリした食感が魅力で、胡麻油とよく合うため、炒めものがお薦めです。
●乾燥させることで長期保存が可能となり、栄養分が増して味も濃くなることが乾物の魅力です。たとえば椎茸を干すと、同じ重量で比較した場合、ビタミンDは8倍、うまみ成分であるグアニル酸は10倍以上になります。ただし工場で機械乾燥した場合は天日で日光にあてたものより効果は落ちます。
●乾物をもっとも美味しく戻すには、多めの水に時間をかけて浸けておくのが一番です。時間がない時はぬるま湯で戻すこともできますが、風味や食感が落ちてしまいます。

□ノート

〝精進料理では、乾物の戻し汁も無駄にしないで捨てずに使う〟。どこかで聞きかじったうわべの知識をときたま目にします。乾物にもいろいろな製法があり、長期保存するための成分などが添加された製品の戻し汁は薬品臭が強く、とても料理には利用できません。また山クラゲのようにアクが強い山菜類も同様です。そうした製品では、戻し汁を捨てた上で水を何度か替え、悪い味や成分をもみ出すようにしてすすぎ捨てるようにします。ただしやりすぎると味がなくなってしまうので、ほどよい回数で留めるようにします。なお保存料などをまったく使わない天日干しの乾物（写真下）は、香りよく素直な戻し汁が取れるので捨てずに大いにだしとして利用しましょう。戻し汁を口にして味を確かめてみることが大切です。

ほしめかぶの滋養和合《あえ》

つるつるっとすすってもよし、
ご飯にかけてもよし、
どろどろの食材が疲れた身体に
力を与えてくれます。

［ 材料・4人分 ］

干しめかぶ … 20g
なめこ … 100g
A 昆布だし … 1/2カップ（100mℓ）
　みりん … 大さじ1
　しょうゆ … 大さじ2
納豆 … 150g
長芋 … 400g
B 薄口しょうゆ … 小さじ1〜2
　あら塩 … 少々

①

干しめかぶを水に浸けて戻し、別の水に替えて軽くすすぐ。乾物を戻す際は臭みを取るためよくすすいだり、水に浸けたりする必要があるが、ぬめり部分に栄養が含まれる食材の場合は、すすぎすぎると栄養まで流れてしまうのでほどよく加減する。なめこをAで煮て火を止め、冷まして味をなじませる。

②

納豆になめこの煮汁大さじ2を加え、箸でとろとろになるまでよく混ぜる。納豆のうまみ成分は100回混ぜると1.5倍、300回で2.5倍になると言われるので泡立つほど混ぜる。

③

長芋の皮をむき、すり鉢の溝にこすりつけてすりおろす。おろし金より時間はかかるが、すり鉢でおろした方がふっくら細かいとろろになる。Bを加えてすり鉢ですりあげ、味をつける。薄めのとろろが好みなら、昆布だし1/2カップ程度（分量外）を鍋で沸騰させて加え、すり混ぜて薄めるとよい。②の納豆をとろろに加えてよく混ぜる。

④

うつわに①のめかぶ、煮汁を切ったなめこ、③をそれぞれが混ざらないように盛りつける。食べる際には好みでうつわの中で混ぜる。

ポイント

●どろどろの食材には栄養分が多く含まれており、禅僧の厳しい修行を支える力になっています。献立を考える際、相性が悪い食材を組み合わせてしまうとマイナスになってしまいますが、うまく組み合わせれば大きくプラスになります。原則として粘り気のある食材には同じくどろどろの食材を合わせると違和感がありません。また、あえてどろどろの中に多少歯ごたえがある食材を加えることで、どろどろの食感を引き立てる場合もありますが、その場合あまり大きな食材や固い食材は避けるようにします。

□ノート

［すり鉢とあたり鉢］
漢字で書けば文字通り〝擂る〟ための鉢なので〝擂り鉢でする〟ですが、〝あたり鉢であたる〟と言う場合があります。ばくちや賭け事でお金を〝する〟につながり、縁起が悪いため逆に〝あたる〟と呼ぶのですが、禅僧は賭け事をしないため私の精進料理では〝すり鉢〟と呼びます。

コラム

禅寺の台所修行

曹洞宗の修行道場に入門した雲水は、受付や参拝案内、法要係や伽藍維持係など寺内の各部署に配属され、指導役の高僧のもとで修行に励みます。その部署に慣れたころには会社の人事異動のように〝転役〟と呼ばれる配置替えがあり、常に初心に戻って精進するのです。

料理部門の責任者は〝典座〟、それを補佐するのが〝副典座〟で、全国の住職の中から特に有徳で経験豊富な高僧が選任され、部署内の統括と他部署との調整などを行います。

修行道場の規模や家風により序列や役名は異なりますが、修行僧に割りあてられる配役は台所係だけで飯頭《はんじゅう》（昔はお米が財産だったためお米と金銭の管理）、看糧《かんりょう》（食事の量を調整し献立を管理）、貼庫《てっく》（倉庫や物品の管理）、柴頭《さいじゅう》（かまどの火や燃料を管理）、羹頭《こうじゅう》、椀頭《わんじゅう》（おかずの味つけ担当）、菜頭《さいじゅう》（調理や下処理）、典座行者《てんぞあんじゃ》（典座に付き従って諸事を経験する）などの役職があります。

これを時代遅れの縦割組織と批判するのは浅はかで、伝統に裏打ちされた非常に合理的で効率よいシステムだと思います。頻繁に転役があっても、未経験者はまず目の前の基本的な公務に専念しつつ上位の係から指導を受けることができ、やがて経験を積み役職が上がるほど調理場全体を広く見渡す必要が出て責任も重くなりより深い修行ができます。

そして各役職ともに〝他人任せにせず自分自身で行う〞ことが要で、下位の者に雑用を押しつけるような封建的な上下関係ではなく、むしろ高位になるほど率先して面倒で大変な作業に取り組み、皆が力を合わせて調理にあたるのが禅道場の台所の伝統なのです。

コラム

台所の整頓と衛生

お寺の調理で何よりも優先されるのは〝安全な食〞です。修行僧の健康を支えるはずの食事で、食べた人に害を与えては本末転倒です。精進料理は肉魚料理に比べて有害な菌などは少ないのですが、それでも油断せず衛生面には特に注意して調理します。使い終わった器物は水気が残らないようしっかり拭いて、時折日光にあてて殺菌します。食器を拭くふきんと台ふきや雑巾はしっかり区別し、調理白衣や布類は雑菌が増えやすいためこまめに洗濯します。排水口の汚れは毎日掃除し、意外と雑菌が繁殖しやすい冷蔵庫も定期的に清掃します。家庭では台所用塩素剤やアルコールスプレーを上手に使って除菌するとよいでしょう。

いうまでもなく調理する者の安全も大切です。万一に備え絆創膏や消毒液を常備し、安全に調理しましょう。

『典座教訓』に「高処高平、低処低平」（使った器物は置くべきところにきちんと整頓して片づけなさい）と記されているように、よい料理は、きれいに整頓された使いやすい台所から生まれます。道具が散らかっていると衛生的にもよくない上、使いたい時すぐに道具が出せません。また使わない道具や調味料があふれてせっかくの作業スペースが圧迫されている例をよくみかけます。よく使うものとあまり使わないものを半年に一度は仕分けして置き場所を工夫し、常に整理整頓を心がけ、使いやすい台所を保つことが大切です。

長芋とオクラの寒天寄せ梅肉あんかけ

寄せものとは食材を寄せ固めた料理で、精進料理では前菜やデザートなどに良く用います。味や色を変えた二層仕立てにすればおもてなしにもピッタリです。

［ 材料・4人分 ］

長芋 … 100g
えのき … 50g
A 昆布だし … 1と1/2カップ（300mℓ）
　酒 … 大さじ2
　みりん … 大さじ1
　砂糖 … 小さじ1
　しょうゆ … 大さじ2
粉寒天 … 3g程度
オクラ … 40g
B 昆布だし … 1と1/2カップ（300mℓ）
　酒 … 大さじ1
　あら塩 … 小さじ1/2
粉寒天 … 3g程度（上段用）
梅干し … 100g
C 酒 … 大さじ2
　みりん … 大さじ1

①

長芋の皮をむいて千切りにし、途中水を何度か替えて多めの水に5分ほど浸ける。えのきを3〜5cmに切る。Aとともに鍋に入れて強火で加熱し、沸騰したら弱火に落として3分ほど煮たら粉寒天を少しずつ混ぜ加え、さらに1分ほど煮てから流し缶に移す。

②

オクラを輪切りにし、Bとともに鍋に入れて加熱する。ゆですぎると色が悪くなるため、30秒ほどしたら弱火に落として粉寒天を加える。ごく少量ずつをふりかけるように入れ、同時にお玉などで煮汁を混ぜ、全て加えたら強火にして1分ほど加熱する。なお、冷えた状態で粉寒天を加えてから加熱する方法もある。

③

2段式にする場合は下段が完全に固まりきらないうちに上段を注ぎこむと分離しない。目安は下段の表面が固まってツルっとしはじめた程度。

④

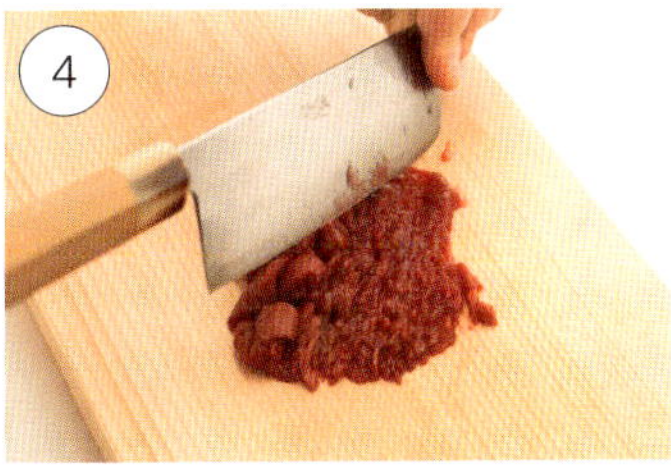

梅干しの種を取り、包丁で何度も切り叩いてなめらかにする。ボウルか小すり鉢に移し、Cを沸騰させて加え、よく混ぜて梅肉あんを作る。完全に固まった③を包丁で食べやすい大きさに切り、うつわに盛って梅肉あんをかける。

ポイント

●昔ながらの棒状の寒天は風味豊かですが、あらかじめ水にひたしてふやかしたり、溶け残りをこす作業が必要なため、初心者は使い勝手がよい粉寒天からはじめましょう。
慣れれば冷えた状態で粉寒天を加え、しだいに沸騰させて煮溶かす方法もありますが、はじめのうちは煮汁の味や具の煮え具合などを自分で確かめてから寒天を加えます。ほとんど失敗なくできますが、一度にまとめて煮汁に入れるとダマになるため少量ずつ混ぜながら入れるようにします。または水で溶いて加えてもよいでしょう。味の加減に慣れたらはじめから粉寒天を加えて加熱する手順も試してください。

□ノート

精進料理の寄せものでは、動物性素材のゼラチンは避け、寒天やアガー、くず粉などを用います。

寒天はダマにならないよう注意すれば非常に手軽で安価な上にローカロリーですが、しっかり煮溶かすことと、製品により分量や用法が異なるため説明書きに従います。また、みかんやレモンなど酸味が強いものはうまく固まらないことがあります。

なお、寄せものは流し缶に流し入れることから〝流しもの〟とも呼びます。流し缶がない場合は保存容器や湯飲み茶碗、またはゼリーなどの空き容器を利用してもよいでしょう。

お寺の釜あげ冷や麦

禅寺では慶事の際、ご縁や幸せが麺のように
長く連なるようにとの願いを込めた〝祝麺〟をいただきます。
厳しい作法も麺料理の時だけは例外で、
ツルツルする音が許され、皆で桶の麺を囲んでいただきます。
ゆでたての麺の味を引き立たせる薬味を添えましょう。

［材料・4人分］

冷や麦 … 400～600g
（乾燥重量）
ゆで湯 … 5～8ℓ
A 昆布だし … 3カップ
椎茸だし … 1カップ
酒 … 大さじ5
みりん … 大さじ4
しょうゆ … 大さじ5
あら塩 … 小さじ1/2
大葉 … 4枚
みょうが … 3本（60g）
梅干し … 4粒
おろし生姜 … 小さじ2
胡麻 … 大さじ2

1

たっぷりの沸騰した湯に冷や麦をばらしながら入れ、麺が張り付かないように箸で混ぜながらゆでる。ゆで湯が少ないと美味しくゆでることはできない。乾燥麺100gに対し1ℓのゆで湯を基準にし、大きめの鍋でゆでる。

2

ゆで汁がブワーっと噴き上がってきたらすぐに差し水を1カップ程度加える。これをびっくり水ともいい、冷水を使う。これにより、吹きこぼれを防ぐと同時にゆで汁の温度がいったん下がり、麺の中心まで均一に火を通す効果がある。

3

ゆであがったらザルにあけ、すぐに冷水で麺をすすいでぬめりを洗い流し、ザルにあげるか氷水または釜上げ用のお湯にうつす。

4

Aを沸騰させ、2分ほど中火で加熱して火を止め、めんつゆを作る。めんつゆの濃さや甘味は好みで変えてよい。薬味の大葉は細切り、みょうがは輪切りにしてそれぞれ2分ほど水に浸ける。梅干しは種を取って包丁で細かく叩き、大葉にのせる。

ポイント

●最強火で加熱することで麺が浮き上がり、鍋底への張り付きを防ぐことができます。ただし強火だと吹きこぼれの危険があるため、必ず差し水の用意をしておきます。
ゆで時間は麺の説明書きに従いますが、火力や気温などによって変わるため、実際に麺を口にして確認することが大切です。

●麺はゆで終えたら釜上げの場合でも冷水ですすぎます。これにより余分なでんぷん質を取り除き、口当たりをよくし、また余熱でのびることを防ぎます。その後、氷水ですすいで麺を引き締めます。氷水かお湯に浸けて出す釜上げ式の場合は、汁を少し濃いめにし、麺がのびる前にいただきます。

精進カレー煮込みきしめん

なんと禅寺でもときには
カレーを作ることがあります。
もちろんお肉は抜きですが、こんにゃくや
厚揚げがいい味を出してくれます。
なによりも食材を無駄にしないことが
精進料理第一の基本だと思うのです。

［ 材料・4人分 ］

まいたけ … 100g
こんにゃく … 100g
にんじん … 80g
厚揚げ … 100g
だしがらの昆布 … 30g（浸水の重量）
とうもろこし … 50g（缶詰）
サラダ油 … 小さじ2
A 昆布だし … 6カップ
　酒 … 大さじ3
　砂糖 … 大さじ1
　ザラメ砂糖 … 小さじ1
ゆでたきしめん … 800g
カレールゥ … 200g程度

1

まいたけを一口大に切る。こんにゃくを小さくちぎる。にんじんを小さい乱切りにする。厚揚げを一口大に切る。だしがら昆布を細切りにする。

2

鍋にサラダ油を引いて熱し、①の具ととうもろこしを炒める。火が通ったらAを加えて強火で煮て、アクをある程度取り除いて弱火に落とし、にんじんに火が通るまで煮る。細かく刻んだカレールゥを様子を見ながら加え、木べらで10分ほど混ぜて火を止める。

3

ゆでたきしめんをざるに入れ、ぬるま湯ですすいで固まりをほぐす。

4

水をしっかり切った③の麺を②のカレーに入れ、弱火で1～2分ほど加熱したら火を止めて盛りつける。

ポイント

●ゆでてから一日経った麺は味や食感がかなり落ちてしまいますが、煮込みうどんなどにすれば美味しくいただけます。時間が経って固まった麺はぬるま湯でほぐしてから煮込みます。ただしすでに一度ゆでてあるため、煮込みとはいってもあまり長く煮すぎないよう注意します。汁を別に作らないため、水気が多いカレーに調えます。また他にけんちん汁で煮込んだ〝けんちんうどん〟などもお薦めです。

□ノート

カレー粉には動物性食材や刺激的な香辛料が含まれるため、本来精進料理では用いません。ただ、仏前にお供えした野菜は、特に夏期にはすぐに傷みはじめます。風味や香りが悪くなり、そのままでは通常の料理に使えなくなった野菜でも、味と香りが濃いカレーの具として使えば捨てずに利用できます。
そのあたりの判断は和尚により見解が異なりますが、私が料理長なら野菜を無駄に捨てて殺生というより大きな過ちを犯すよりも、例外的にカレーに加えて美味しく食べ、食材を活かす方を選びます。個々の規則に過度にとらわれることなく、より本質的な教えを優先させることが、結局は正しい道を歩むこととなると思うのです。

精進味噌焼きうどん

残ったうどんをリサイクルするには
こってり濃厚な味噌焼きうどんがおすすめです。
味噌だれを多めに作っておけば、いつでも手軽に
残ったうどんや野菜の切れ端を無駄にせず活かせます。

［ 材料・4人分 ］

ゆでうどん … 800g（4袋）
A 水（または椎茸戻し汁）
　… 大さじ5
　酒 … 大さじ4
　みりん … 大さじ2
　砂糖　大さじ2
　ザラメ砂糖 … 大さじ1～2
　しょうゆ … 小さじ1
八丁味噌 … 大さじ4
キャベツ … 60~80g
干し椎茸 … 3枚
にんじん … 30g
アスパラガス … 50g
サラダ油 … 大さじ1
あら塩 … 少々
もみ海苔 … 適量

1

ゆでうどんをゆでる。

2

Aを鍋で沸騰させ、八丁味噌を溶いて中火で5分ほどこねる。

3

キャベツをざく切り、水で戻した干し椎茸を細切り、にんじんを短冊切り、アスパラガスをはす切りにする。鍋にサラダ油を引いて強火で加熱し、具を炒める。油が回ったらあら塩をふり、具に火が通るまで1～3分ほど炒める。①のうどんを加えてさらに1分ほど炒める。

4

②の八丁味噌だれを様子を見ながら加え、弱火で1分ほど混ぜ炒める。盛りつけたら刻み海苔を上のせする。

ポイント

●ゆで麺は乾麺と違い、ほぼゆであがった状態で市販されています。賞味期限はごく短くなりますが、少ないお湯で短時間ほぐしゆでる程度でよく、忙しいときには便利です。乾麺と同様に、ゆであがったらザルにあけ、冷水や氷水ですすいでぬめりを取り、麺を引き締めます。ゆでた後は乾麺よりも早く味が落ちるため、早めに食べきります。
●八丁味噌は独特のコクと渋みが特徴ですが、そのままだと渋みが強いため砂糖で和らげます。八丁味噌はかなりの量の重しをかけて熟成させるため、普通の味噌より固く、そのままでは溶きにくい製品もあるため、ラップで包み電子レンジで適宜加熱して柔らかくしてから使うと溶き残しが出ません。

基本ノート7

揃えたい道具

「お店に行くとたくさんの道具が並んでいて迷ってしまう……」。
初心者なら誰もが感じることでしょう。
そこで、はじめて精進料理に取り組む方に
まず揃えてほしい最小限の道具をセレクトしました。

まな板、包丁、鍋、鍋ぶた、落としぶた、フライパン、ボウル大小、ザル、計量カップ、重量計、大さじ小さじ、砥石

まずは安価なものでかまいません。使いこむうちに、もっとこういう感じなら使いやすいのになあ、と不満が出たら好みに合った道具を買い足せばよいのです。また菜箸の代わりに割り箸を使うなど、身近にあるもので工夫することも大切です。

あえていうなら、頻繁に使う雪平鍋とフライパンは直接味に関わるため、できればしっかりした厚みのものをお薦めします。

包丁ははじめから本物が必要で、五千円以上の鋼製の菜切り包丁をお薦めします。鋼は切れ味鋭く、研ぎやすいので、結局は長く使えてお得です。錆びやすいのが難点ですが、そうした扱いも含めて勉強できますし、初心者ほどよく切れる包丁で練習することが大切です。

錆びなくて便利なステンレスなどの包丁は、研ぎにくいものもあるため、研ぎ方や扱いを身につけてからにすべきです。

砥石は安価な人工砥石でよいので必ず用意します。

また、いずれ買い足す際は、写真中央の牛刀や三徳包丁、下段のペティナイフがあると便利です。

次にできれば揃えたいのが左の写真です。この他にも本書の料理で使用する道具はいくつかありますが、一度に揃えず、作りたい料理に必要な時に買い足すとよいでしょう。

この他清潔なふきんやラップ、三角コーナーなどの消耗品、冷蔵庫や電子レンジなど、あげれば切りがありません。台所の状況に応じてよく考えて用意しましょう。

手前左から　長菜箸、ピーラー、小マドラー、ゴムへら、キッチンバサミ、味噌こし、フライ返し、アク取り、ペティナイフ、おろし金、揚げもの用網バット
後列左から　両手ふた付き深鍋、フードミル、二段式蒸し器、すり鉢、すりこぎ棒

計量の基本

そもそもレシピというものは不完全なもので、熱源、鍋、水や昆布、調味料、食材、気温、また体調などが異なるためどうしても同じ味にはなりません。そのため、慣れてきたらそうした諸条件を考慮して、自分で味見して調味する必要があります。しかし特に初心者は基本の味を覚え、また何が原因で失敗したのかを把握するためにも、まずはレシピ通りの分量で作ってみることが大切です。

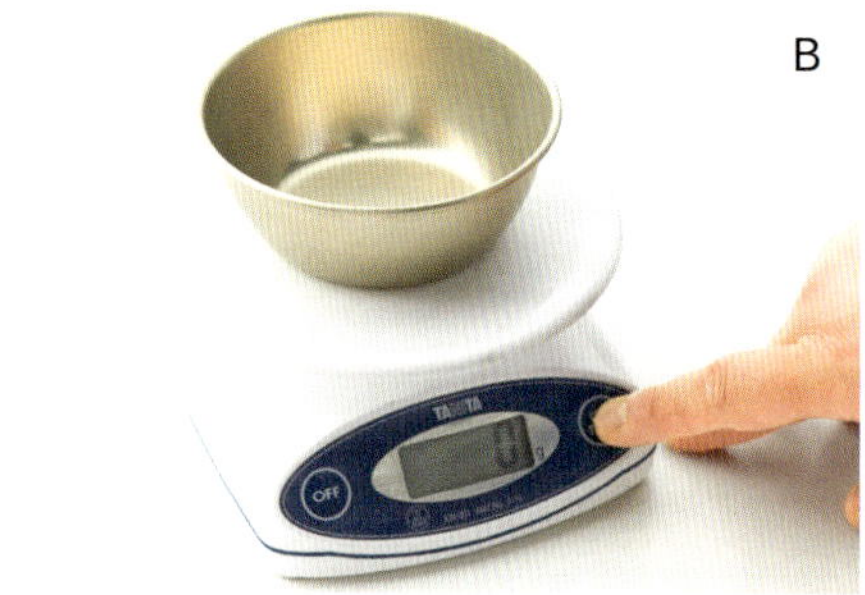

［A］面倒でも性格に計量するよう心がけます。特に大さじ小さじで粉末ものを計る際は、すり切って平らにします。

［B］ボウルなどをのせた状態でリセットボタンを押すと、その重さをゼロ基準に設定できるデジタル計量器があります。粉や液体、崩れやすい食材などを計る際に利用すると便利です。

カップは平らな場所に置いて目盛りを読みます。お米など粒状のものは、カップを軽くゆすって隙間を埋めるようにして計ります。ただし無理な詰め込みは禁物です。

なお、西洋基準では200mℓ＝1カップですが、お米は和式基準で180mℓ＝一合マスで計るのが現在も主流なので計量目的や機器により違いに注意します。なお10合＝1升＝1800mℓです。

コラム

三心

料理係という尊い務めと出会ったご縁に感謝し、喜んで修行させていただく「喜心」、親がわが子に損得抜きで限りない慈愛を注ぐように、深く相手を想って親切に調理する「老心」、一時の感情や狭い見方でものを区別せず、偏りなく公平な態度で接する「大心」。

道元禅師が『典座教訓』で説いた、忘れてはならない三つの心です。

精進料理では取り組む態度や込められた心を大切にします。高度な技術で作られながらも心が伴わず空虚な料理もあれば、逆に拙く見栄えが悪い料理でも作り手の温かい心が伝わる料理もあります。

誤解しやすいのは、心がこもっていれば技術や形はどうでもよいかといえばそうではなく、とらえどころのない〝心〞を整えていく一つの側面が技術や形なのです。

本書は技術面や知識が中心ですが、実際に自分で作り工夫する中で自然と心が養われ、それがやがては本で得たうわべの知識ではなく本物の宝となっていくことでしょう。

実践編

ひととおり基本を学んだあとは、たくさんのレシピを調理して経験を積みましょう。本章ではステップアップに適した20のレシピを揃えました。基本編の技術をふまえ、食材などは適宜都合に合わせて変更しつつ楽しんで調理してください。

＊実践編では一般的な多くのレシピの分量表記に慣れるために、2人分の分量でレシピを記載しています。
＊基本編に比べて分量が少なくなるため、小さめの鍋やフライパンを用意しましょう。また、わずかな調味料の加減で味が大きく変わってしまうため、はじめのうちはしっかり計量して調理しましょう。

みその香りと大根の甘味を炊き込んで

みそ大根めし

大根と味噌の相性は最高です。捨ててしまいがちな葉も無駄にせず活かして食感と彩りを良くします。

下味をつけた煮汁や具が完全に冷めてからでないとうまく炊飯できないので注意してください。

好みで仕上げに山椒粉を振ると味が引き締まります。

［ 材料・2人分 ］

干し椎茸 … 2枚
水 … 1/2カップ（100mℓ）
大根 … 100g
大根葉 … 15g
薄揚げ … 1/2枚
胡麻油 … 小さじ1～2
みりん … 小さじ2
お米 … 1合
酒 … 大さじ2
味噌 … 小さじ3程度
山椒粉（好みで）… 少々

① 干し椎茸を水に浸けて戻し、細切りにする。
② 大根の皮を厚めにむき、皮は細切り、身は拍子木切り、またはいちょう切りなどに切る。
③ 薄揚げを細切りにする。大根の葉を3㎝くらいに切る。
④ 小鍋に胡麻油を引いて加熱し、①②を炒める。油が回ったらみりんを加え、中火で3分ほど炒める。火を止めて自然に冷まし、味をなじませる。
⑤ お米を研いで10分ほど吸水させ、ザルにあげてさらに15分ほどおく。
⑥ 炊飯器の釜にお米を移し、①の戻し汁全てと酒を入れてから1合の基準線まで水を足し、味噌を溶く。
⑦ 汁気を軽く切った④の具と③を加えて炊飯し、炊きあがったら軽く混ぜてうつわに盛る。好みで山椒粉を振る。

卵を使わない硬派なエコチャーハン

野菜チャーハン

野菜の切れ端や皮、だしがらや残りご飯などを無駄にせず使い切るのに最適な料理です。

ポイントは具を同じくらいの小さい粒に揃えることと、ご飯を上手にほぐして少し焦がすことです。

粘りけが出ないよう、木べらを縦にして切るように混ぜて炒めます。

［ 材料・2人分 ］

白米 … 1合
干し椎茸 … 2枚
じゃがいも … 70g
にんじん … 30g
とうもろこし … 30g
ズッキーニ
（なければきゅうりで代用可）… 50g
サラダ油 … 大さじ1
おろし生姜 … 小さじ1～2程度
A しょうゆ … 大さじ1
　あら塩 … 少々
　胡椒 … 少々（好みで）

① 白米を研いで10分ほど吸水させ、ザルにあげて15分ほどおいてから、水を基準線よりわずかに少なめにして多少かために炊飯する。炊けたら余計な蒸気を逃すためにしゃもじで軽くほぐしておく。
② 干し椎茸を水に浸けて戻し、粗めのみじん切りにする。
③ じゃがいもの芽を取り、皮をむいて粗めのみじん切りにして5分ほど水に浸ける。
④ にんじんの皮をむき、粗めのみじん切りにする。蒸したとうもろこしをほぐす（冷凍や缶詰でも可）。
⑤ ズッキーニを板ずりし、小口切りにする。
⑥ 鍋にサラダ油を引いて加熱する。油が温まったらおろし生姜を加えて軽く混ぜ、水気をしっかり拭き取った②～⑤を入れ、中火で1分ほど炒める。
⑦ 中火のまま①のご飯を広げて入れ、木べらでほぐすように混ぜるか、鍋を揺すってご飯を返す。
⑧ ご飯に火が通ってきたらAを加えて強火で炒め、香ばしい香りが出たら火を止める。

豆乳ビーンズリゾット

少し気取ったマイルドな洋風おじや

［ 材料・2人分 ］

冷やご飯 … 1合分
しめじ … 50g
オリーブ油 … 小さじ2
ミックスビーンズ … 50g
A 昆布だし … 3/4カップ（150mℓ）
　豆乳 … 3/4カップ（150mℓ）
　白ワイン … 大さじ3
　みりん … 大さじ1
　ザラメ砂糖 … 小さじ1/2
　シナモンパウダー … 1〜2mℓ
あら塩 … 少々
ルッコラ … 10g

① 冷やご飯をザルにうつし、お湯ですすいで軽くほぐす。
② しめじをほぐす。
③ 鍋にオリーブ油を引いて加熱し、油が回ったら①②とミックスビーンズを加えてほぐすように炒め、ご飯に油がまわったらAを入れ、沸騰する前に弱火に落とす。
④ 噴きこぼれないように火加減に注意しながら木べらでゆっくりかき混ぜつつ5〜7分ほど加熱し、ご飯に粘りけが出てきたらあら塩を加えて味を調え、
火を止めてふたをし、3分ほど蒸らす。
うつわに盛りつけ、よく洗ってちぎったルッコラを散らす。

そうめん梅パスタ

梅の酸味とゴーヤーの苦みのハーモニー

［ 材料・2人分 ］

そうめん（乾燥重量）… 150g程度
ゴーヤー（種を取った正味）… 70g
みょうが … 20g（1本）
梅干し … 3粒
オリーブ油 … 大さじ1
あら塩 … 少々
A 白ワイン … 大さじ1
　みりん … 小さじ2
　薄口しょうゆ … 大さじ2
　胡椒 … 少々

① そうめんをゆでて水洗いし、ザルにあげておく。
② ゴーヤーを板ずりし、中のワタを取り除き、厚さ5㎜ほどの輪切りか半月切り、または細長い形に切る。水1カップに対し塩小さじ1程度（分量外）の薄い塩水に3分ほど浸けておく。
③ みょうがを細切りにし、多めの水に3分ほど浸ける。
④ 梅干しの実を半分ほどにちぎり、種を取り除く。
⑤ フライパンにオリーブ油を引いて熱し、充分温まったら水気を切った②③にあら塩を加えて炒め、ゴーヤーに油が回ったら①を加えて混ぜながら炒める。
⑥ そうめんに油が回ったらAを加えてよく混ぜ、水分が半分ほどに減ったら味を見て必要ならあら塩を足し、味が決まったら④を加えて火を止める。

とろみをつけて心まで温かく

のっぺい汁

薄いとろみがついた具だくさんの汁です。
里芋から自然なとろみが出るため、
下ゆでせずに使ってもよいでしょう。
また具は無理に揃える必要はありません。
手元に残った野菜やこんにゃく、
きのこ類などをうまく組み合わせてください。

[材料・2人分]

干し椎茸 … 2枚
水 … 2カップ
里芋 … 100g
ごぼう … 20g
大根 … 50g
にんじん … 20g
大根の葉 … 15g
白菜 … 75g（1枚）
サラダ油 … 大さじ1
A 酒 … 大さじ3
│ みりん … 大さじ2
│ しょうゆ … 大さじ2
おろし生姜 … 小さじ1
B 片栗粉 … 小さじ2
│ 水 … 大さじ1

① 干し椎茸を水に浸けて戻し、石突きを取り除いていちょう切りにする。
② 里芋の皮をむいて薄めの乱切りにし、多めの水に5分ほど浸ける。
③ ごぼうをたわしでこすり、はす切りにして多めの水に5分ほど浸ける。
④ 大根、にんじんをそれぞれ皮をむいて厚さ3㎜ほどのいちょう切りにする。
大根の葉があれば2㎝ほどに切る。大根とにんじんの皮も細切りにして加える。
⑤ 白菜をざく切りにする。
⑥ 鍋にサラダ油を引いて熱し、水気を切った①〜⑤に塩少々（分量外）を加えて炒める。
具に充分油が回ったら①の戻し汁全てとAを加え、沸騰したら弱火に落とし、
アクをとりながら具に火が通るまで煮る。
⑦ 最後におろし生姜としょうゆ少々（分量外）を加えて味を調え、味が決まったら
再度沸騰させ、よく溶いたBを少しずつ混ぜながら入れてとろみを薄くつける。

暑いときこそ具だくさんの酸味汁で栄養補給

夏の冷やし吉野汁

葛を使った料理は、産地にちなみ「吉野」と冠します。
片栗粉でも代用できますが、葛の方が上品なとろみがつきます。
酢を加えたあとは酸味が飛ばないよう、
加熱時間は最小限度に抑えます。
冷えると塩気が薄く感じるので少し濃いめに味つけしてください。

［材料・2人分］

とうがん（種を取った正味）… 150g
米のとぎ汁 … 2と1/2カップ（500mℓ）
A 昆布だし … 1カップ
　酒 … 大さじ3
　みりん … 大さじ2
　薄口しょうゆ … 小さじ2
じゅんさい … 50~70g
醸造酢 … 1/2カップ（100mℓ）
あら塩 … 少々
B 本葛 … 小さじ2
　水 … 大さじ1
きゅうり … 50g（1/2本）
とうもろこし … 30g

① とうがんの皮をむき、米のとぎ汁でアクを取りながら串がスッと刺さる程度に下煮する。
② ザルにあげてお湯で軽くすすぎ、別の鍋にAとともに入れて弱火で煮る。
③ とうがんが柔らかくなったら水で軽くすすいだじゅんさいと醸造酢を入れ、酸味が飛ばないようにすみやかにあら塩で味を調え、よく溶いたBを少しずつ加えてとろみをつけ、火を止める。ある程度冷めたら冷蔵庫に移して冷やしておく。
④ きゅうりに塩をふって板ずりし、5分ほどおいてから幅3㎜程度の輪切りにする。
⑤ 蒸したとうもろこしをほぐす（冷凍・缶詰でも可）。
⑥ ③の冷やした汁に④⑤を加えて盛りつける。

とろけるほど濃厚な精進スープ

かぶの酒かす ポタージュ

酒かすのコクと白味噌の甘味の相乗効果で、
ふっくら柔らかな
和風ポタージュができあがります。
レシピの具材の他にもじゃがいもやかぼちゃなど、
甘めで煮崩れやすい根菜もよく合います。
酒かすがない場合は
市販の甘酒ドリンク缶を使ってもよいでしょう。

［ 材料・2人分 ］

かぶ … 200g
米のとぎ汁 … 2カップ
（または水400mℓにぬか大さじ1）
ごぼう … 30g
さつまいも … 70g
にんじん … 30g
しめじ … 30g
かぶの葉 … 15g
サラダ油 … 小さじ2
A 昆布だし … 2カップ
　酒 … 大さじ3
　みりん … 大さじ1
　砂糖 … 小さじ1
酒かす … 50～70g
白味噌 … 大さじ1
薄口しょうゆ … 小さじ2
あら塩 … 少々

① かぶの皮をむき、1/4または1/6のくし形に切る。
② ①と米のとぎ汁を鍋に入れ、アクを取り除きながら
串が固く通るくらいに下ゆでし、ザルにあげてお湯で軽くすすぐ。
③ ごぼうをたわしでよくこすり、乱切りにして多めの水に5分ほど浸ける。
④ さつまいもを皮のまま乱切りにし、多めの水に5分ほど浸ける。
⑤ にんじんの皮をむき、乱切りにする。しめじをほぐす。かぶの葉を3㎝ほどに切る。
かぶとにんじんの皮も細かく刻んで加える。
⑥ 鍋にサラダ油を引いて水気を切った③～⑤を炒め、油が回ったらAを加え、
沸騰したら弱火に落としてアクを取り、具に火が通るまで煮る。
⑦ ②のかぶの中から1/3量ほどをフードミルやすり鉢でつぶしてどろどろにし、
⑥に加える（この手順は略してもよい）。
⑧ 酒かすをラップで包み、電子レンジで1000Wで30秒ほど加熱して柔らかくし、
白味噌とともに味噌溶きで⑦に加える。②のかぶ残り2/3を加え、よく混ぜながら
弱火で煮て、味を見ながら薄口しょうゆとあら塩で味を調える。

トマトと赤だしの意外な相性

焼きトマトの赤だし

うまみ成分が豊富なトマトは、昆布を用いた和風料理と驚くほどよく合います。トマトの皮は少量なら湯むきでなく直接ガスの火であぶった方が手軽にむけますし、皮を残せば焦げ目が食欲をそそります。忙しい日常食ならば皮ごと使い、煮崩してもよいでしょう。

［ 材料・2人分 ］
トマト（小ぶり）… 2個300g
薄揚げ … 1/2枚
みょうが … 20g（1本）
A 昆布だし … 2カップ
　酒 … 大さじ2
　みりん … 大さじ1
赤味噌 … 大さじ1と1/2程度
しょうゆ … 小さじ1/2

① トマトのヘタを包丁でえぐりとり、全体に十字の切れ込みを入れる。ヘタの部分を鉄串かさいばしに刺し、ガスの火で遠火で全体をあぶるようにし、皮がめくれてきたら氷水に浸けて皮をむく（またはきれいに焦げ目がつけば皮を残してもよい）。
あるいは多めのお湯を沸騰させてトマトを入れ、さいばしでころがしながら20～30秒で皮が切れ込みの部分からめくれてくるのですぐにザルにあげ、氷水で冷やしながらめくれた皮をむく（これを〝湯むき〟という。焦げ目はつかない）。
② 薄揚げを縦に半分に切り、細長く切る。
③ みょうがを輪切りにし、多めの水に5分ほど浸ける。
④ 鍋に①②Aを入れて中火で加熱し、沸騰したら弱火に落として2分ほど煮たら赤味噌を溶く。さらにしょうゆを加えて30秒ほどしたら火を止め、ふたをして2分ほど蒸らす。
⑤ うつわに盛り、③を上乗せする。

華やかな彩りを生姜の風味で

花《はな》椰《や》菜《さい》の八丁味噌炒め

カリフラワーやブロッコリーを和名で花椰菜と呼びます。

直接炒めるのは難しいため、あらかじめ塩ゆでします。

八丁味噌だれは少量だと鍋が焦げて作りにくいため、ある程度の量をまとめて作って冷蔵庫で保存し、揚げものや炒めもの、胡麻豆腐などに使うとよいでしょう。

［ 材料・2人分 ］

カリフラワー … 150g
ブロッコリー … 150g
レタス … 70g
生姜 … 20g
A 昆布だし … 大さじ3
酒 … 大さじ1
みりん … 大さじ1
砂糖 … 大さじ1
ザラメ砂糖 … 小さじ2
しょうゆ … 小さじ1
八丁味噌 … 大さじ2と1/2
サラダ油 … 大さじ2と1/2

① カリフラワーとブロッコリーを一口大に切る。カリフラワーは茎も薄切りか細切りにして使う。それぞれ固めに塩ゆでしてザルにあげる。
② レタスを食べやすい大きさに切るか手でちぎる。
③ 生姜の皮をむき、薄切りにして多めの水に3分ほど浸ける。
④ 小鍋でAを加熱してひと煮立ちさせ、電子レンジで1000Wで25秒ほど温めた八丁味噌を味噌こしで溶いて加え、弱火に落として木べらで3～5分ほどかき混ぜる。
⑤ フライパンにサラダ油を引いて加熱し、温まったら水気を切った③を入れて20秒ほど炒め、さらに①を加えてよく炒める。火を止めて②を加えて混ぜ、余熱で火を通す。
⑥ うつわに盛り、④の味噌だれをかける。

おからを香ばしく炒めて

卯の花炒め

安価ながら栄養豊富な健康食材であるおからは
豆腐を作る際に出る大豆の絞りかすで、
関西では雪花菜（きらず）ともいいます。
味つけ用の汁を別に作っておき、炒めたあとに加えると
量が多くても失敗しません。
おからはいたみやすいので早めに食べきるようにします。

［ 材料・2人分 ］

干し椎茸 … 2枚
水 … 1カップ
ごぼう … 20g
にんじん … 20g
グリーンピース … 20g
とうもろこし … 30g
A 酒 … 大さじ2
　みりん … 大さじ1
　砂糖 … 小さじ1
　ザラメ砂糖 … 小さじ1
　しょうゆ … 大さじ2と1/2
サラダ油 … 大さじ1
おから … 200g
あら塩 … 少々

① 干し椎茸を水に浸けて水出し式でだしをとる。
② ごぼうを粗めのみじん切りにし、多めの水に5分ほど浸ける。
③ ①の椎茸とにんじんを粗めのみじん切りにする。
④ グリーンピースをさやから出す（冷凍、缶詰でも可）。
⑤ 蒸したとうもろこしをほぐす（冷凍、缶詰でも可）。
⑥ 小鍋でAと①のだしをひと煮立ちさせておく。
⑦ フライパンにサラダ油を引いて熱し、水気を切った②～⑤を炒める。
充分油が回ったらおからを加えてよく混ぜ炒め、⑥のつゆを8割方加え、
様子を見ながらちょうどよい柔らかさになるくらいに残りを加え
弱火に落として混ぜながら炒め煮にする。最後に味をみてあら塩を加える。

大根ステーキ

大根が満足感いっぱいの濃厚ステーキに

［ 材料・2人分 ］

昆布 … 10g
水 … 2カップ
大根 … 400g（200g×2枚）
A 酒 … 大さじ4
　みりん … 大さじ2
　しょうゆ … 小さじ2
アスパラガス … 50g（2本）
胡麻油 … 大さじ1
あら塩 … 少々
B 酒 … 大さじ1
　みりん … 小さじ2
　しょうゆ … 小さじ1

① 昆布を水に浸け、水出し式でだしを取り、昆布は細切りにする。
② 大根を厚めの輪切りにし、かつらむきにする。面取りし、片側に十字の切れ込みを厚みの半分程度まで入れる。
③ ①の昆布と昆布だし、②とAを鍋に入れて強火で加熱し、沸騰したら弱火に落とし、柔らかくなるまで煮て火を止め、ふたをして自然に冷まして味をなじませる。
④ ③の大根を取り出してペーパータオルなどで拭き水気をよく切る。
⑤ アスパラガスをよく洗い、スライサーで薄く切る。
⑥ フライパンに胡麻油を引いて中火で加熱し、充分温まったら④の大根を焦げ目が軽く付く程度に両面と側面を焼く。
⑦ 大根をうつわに移したら同じフライパンで⑤を炒め、あら塩で味つけし、③の細切り昆布とともに⑥に添える。
⑧ 小鍋でBを沸騰させてかけたれを作り、大根にかける。

古たくあんの禅寺炒め

禅僧のイチオシ料理

［ 材料・2人分 ］

干し椎茸 … 3枚
水 … 3/5カップ（120㎖）
たくあん … 200g
にんじん … 50g
生姜 … 30g
胡麻油 … 大さじ1
A 酒 … 大さじ2
　みりん … 大さじ1
　砂糖 … 小さじ1〜1と1/2
　しょうゆ … 大さじ2
あら塩 … 少々

① 干し椎茸を水に浸けて戻し、いちょう切りにする。
② たくあんを厚さ3〜5㎜ほどの輪切り、太い場合は半月切りにする。また塩気が強ければ多めの水を替えながら5〜10分ほど浸けてもみ出し、塩気をある程度抜く。
③ にんじんの皮をむき、いちょう切りにする。
④ 生姜の皮をむき、ごく薄い輪切りなどにする。多めの水に3分ほど浸ける。
⑤ フライパンに胡麻油を引いて加熱し、温まったら水気をよく切った①〜④を炒める。油が充分に回ったら①の戻し汁とAを加え、水分がほぼなくなるまで炒め、最後に味をみながらあら塩を加えて1分ほどで火を止める。

厚めに切ったたけのこの食感を楽しむ

たけのこうま煮揚げ

水煮のたけのこは風味があっさりしているため、
下味をつけた後に油で揚げてコクを出します。
椎茸だしの代わりに昆布だしを使う場合は、
昆布のだしがらも細く切って加えましょう。
他にもとろみに合った食材を探して
自分なりに工夫してみると楽しいでしょう。

［材料・2人分］

干し椎茸 … 3枚
水 … 2カップ
たけのこ（水煮）… 200g（1個）
チンゲンサイ … 70g（1株）
A 酒 … 大さじ3
　みりん … 大さじ2
　ザラメ砂糖 … 小さじ2
　しょうゆ … 大さじ2
B 片栗粉 … 大さじ1
　水 … 大さじ1と1/2
揚げ油 … 適量

① 干し椎茸を水に浸けて水出し式でだしをとり、だしをとった後の干し椎茸は細切りにする。
② たけのこを一口大の薄めのくし形に切り、多めの水にしばらく浸ける。
白い粉のようなものが中から出てきたらよくすすぐ。
③ チンゲンサイを食べやすい大きさに切る。
④ ①のだしと椎茸、②を鍋に入れ、Aを加えて強火で加熱し、沸騰したら
弱火に落として10分ほど煮て、③を加えてさらに1分ほどしたら火を止めてふたをし、
自然に冷まして味をなじませる。
⑤ ④の鍋からたけのこを取り出し、ペーパータオルなどでふいて水気をしっかり切る。
⑥ ④の鍋を沸騰させ、Bの水で溶いた片栗粉を少しずつ混ぜてとろみをつける。
⑦ 170℃の油で⑤をきつね色になる程度に素揚げし、⑥にもどして軽く混ぜる。

白菜の甘味を活かして

白菜クリーム煮

［ 材料・2人分 ］

干し椎茸 … 2枚
水 … 1カップ
白菜 … 250g
厚揚げ … 100g
春雨 … 20g（乾燥重量）
A 豆乳 … 1カップ
　酒 … 大さじ3
　みりん … 大さじ2
B 甘めの米味噌 … 大さじ1程度
　塩麹 … 小さじ2〜大さじ1
あら塩 … 少々

① 干し椎茸を水に浸けて水出し式でだしをとり、だしをとった後の椎茸は細切りにする。
② 白菜をざく切りにする。
③ 厚揚げを一口大に切る。
④ 春雨を製品の説明に従ってゆでる。
⑤ 鍋で①の椎茸とだし、②③、Aを煮る。沸騰したり噴きこぼれたりしないよう注意しながら中〜弱火で7分ほど煮たら弱火に落とし、Bを味噌こし器で溶いて加え、あら塩で味を調えたら④を加えて火を止める。

こんにゃくで和風イタリアン

精進アクアパッツァ

［ 材料・2人分 ］

高野豆腐 … 20g（1きれ）
かぶ … 100g（1個）
白こんにゃく … 100g
セロリ … 50g
エリンギ … 50g
A 昆布だし … 3/4カップ（150mℓ）
　白ワイン … 3/4カップ（150mℓ）
　みりん … 大さじ2
　しょうゆ … 大さじ1
　黒胡椒 … 適量
B ミニトマト … 8粒
　ケーパー … 15粒程度
　黒オリーブ … 10粒程度
あら塩 … 少々
ベビーリーフ … 適量
揚げ油 … 適量

① 高野豆腐を製品の説明に従って戻し、一口大に切って水気を絞る。
② かぶの皮をむき、葉の部分を切って1/4または1/6に切る。
③ 白こんにゃくを細切りにし、塩ゆでする。
④ セロリとエリンギを食べやすい大きさに切る。セロリは葉も刻んで使う。
⑤ ①を170℃の油に入れ、浮いてから1〜2分ほどを目安にきつね色になるくらいに素揚げする。
⑥ 鍋にAを入れ、②〜④を強火で加熱し、沸騰したら弱火に落として7〜8分ほど煮る。
⑦ ⑤とBを入れてよく混ぜ、2分ほど加熱して火を止め、自然に冷ます。味をみてあら塩を加えて調え、ベビーリーフを散らす。

春の芽吹きに感謝して

菜の花とうどのからし酢味噌和《あ》合《え》

菜の花の緑とうどの白、酢味噌の黄色が春の食卓を鮮やかに彩ります。酢味噌の甘味は菜の花の苦みを引き立てるためなので、あまり甘くしすぎないようにします。辛子を加えなければ酢味噌和合、酢を省けば辛子味噌和合となるので好みで調整してください。

［ 材料・2人分 ］

菜の花 … 170～200g（1束）
うど … 150g
A 片栗粉 … 小さじ1
　水 … 1と1/2カップ（300㎖）
花麩 … 6枚
白味噌 … 大さじ3
和辛子 … 小さじ1～2
B 昆布だし … 大さじ3
　酒 … 大さじ1
　みりん … 小さじ2
　砂糖 … 小さじ1
　しょうゆ … 小さじ1
醸造酢 … 大さじ1～2程度

1. 菜の花を食べやすい長さに切る。
2. ①を塩ゆでし、氷水に3分ほどさらしてザルにあげる。
3. うどの皮をむき、短冊切りにしてAの水で溶いた片栗粉に5分ほど浸ける。
4. 花麩をぬるま湯に浸けて戻す。
5. すり鉢に白味噌と和辛子を入れ、
鍋でひと煮立ちさせたBを注ぎ、よくすり混ぜる。
最後に酢を加えて味を調える。
6. 水気をよく切った②～④をボウルに入れ、⑤であえる。

素朴な口当たりと力強さが魅力

根菜の酒かす和合

[材料・2人分]

ごぼう … 50g
さつまいも … 100g
こんにゃく … 50g
にんじん … 50g
しめじ … 50g
A 昆布だし … 2カップ
　酒 … 大さじ3
　みりん … 大さじ2
　砂糖 … 小さじ1
　ザラメ砂糖 … 小さじ2
　しょうゆ … 大さじ2
酒かす … 60g程度
砂糖 … 小さじ1
あら塩 … 少々
せり … 20g

① ごぼうの皮をむき、薄くて大きめの斜め切りにする。
さつまいもを皮ごと輪切りにしてそれぞれ多めの水に5分ほど浸ける。
② こんにゃくを短冊切りにし、多めのお湯で5分ほど下ゆでする。
③ にんじんの皮をむいて輪切りまたは半月切りにする。
④ しめじをほぐす。
⑤ 鍋に水気を切った①②と③④、Aを入れて強火で加熱し、
沸騰したら弱火に落として10～15分ほどごぼうとにんじんが柔らかくなるまで煮る。

火を止めて自然に冷まし、味をなじませる。
⑥ 酒かすをラップで包み、電子レンジで1000Wで30秒ほど加熱する。
すり鉢に移し、砂糖と⑤の煮汁大さじ4程度を熱いうちに加えてよくすり混ぜる。
酒かすの状態をみて煮汁を加減し、柔らかさが決まったらあら塩を加えて味を調える。
⑦ せりをよく洗い、ざく切りにする。
⑧ 水気を切った⑤と⑦を混ぜ、⑥であえる。

酸味を利かせた和風イタリアン

マカロニ梅わかめ

[材料・2人分]

ねじりマカロニ（フジッリ）… 50g（乾燥重量）
オリーブ油 … 小さじ2
大豆もやし … 50g
生わかめ … 50g
梅干し … 4粒
A 昆布だし … 1/2カップ（100mℓ）
　酒 … 大さじ2
　みりん … 大さじ1
　砂糖 … 大さじ1
　薄口しょうゆ … 小さじ2
米酢 … 1/4カップ（約50mℓ）

① ねじりマカロニを製品の説明に従ってゆでてザルにあげ、
温かいうちにオリーブ油をかけてよく混ぜる。
② 大豆もやしをゆで、ザルにあげて自然に冷ます。
③ 生わかめをよく洗い、すじがあれば取り除き、一口大に切る。
たっぷりの熱湯をそそいで10～15秒ほど浸し、
すぐに冷水で流してザルにあげる。
④ 梅干しの種を取りのぞき、実を半分または1/4にちぎる。
⑤ Aを鍋でひと煮立ちさせ、よく冷ましてから米酢を加えて混ぜる。
⑥ ①～④をボウルに入れてよく混ぜ、⑤であえる。

かぼちゃの甘味をとじ込めて

揚げかぼちゃの銀あんかけ

なめらかでとろけるような食感を出すためには裏ごしのひと手間が大切です。煮ものの残りを利用してもよいでしょう。かぼちゃの水分に応じて片栗粉の量や油の温度を調整し、破裂しないよう空気を抜くようにして丸めます。銀あんをかけず、塩でも美味しくいただけます。

［材料・2人分］

干し椎茸 … 2枚
とうもろこし … 20g
サラダ油 … 小さじ1
A 酒 … 大さじ1
　砂糖 … 小さじ1/2
　しょうゆ … 小さじ2
枝豆 … 20g（むいて）
かぼちゃ … 500g（正味）
B 片栗粉 … 大さじ2
C 片栗粉 … 大さじ3程度
D 昆布だし … 1/2カップ（100㎖）
　酒 … 大さじ2
　みりん … 大さじ1
　砂糖 … 小さじ1
　薄口しょうゆ … 小さじ1
おろし生姜 … 小さじ1
E 片栗粉 … 小さじ1
　水 … 大さじ1
揚げ油 … 適量

① 干し椎茸を水に浸けて戻し、粗めのみじん切りにする。
② 蒸したとうもろこしをほぐす（冷凍や缶詰でも可）。
③ フライパンにサラダ油を引き、①②を炒める。油が回ったら①の戻し汁大さじ1とAを加えて2分ほど強火で炒め煮にし、火を止めて冷まし味をなじませる。
④ ゆでた枝豆をさやから外しておく。
⑤ かぼちゃを適当な形に切って多めの水で煮る。充分柔らかくなったらザルにあげ、しっかり水を切ってから熱いうちにマッシャーでつぶして裏ごしする。あるいは蒸し器で蒸して裏ごししてもよい。
⑥ ⑤のかぼちゃにBの片栗粉、③④をまぜ、空気を抜くように押しまるめながら丸形や小判形などに調える。水気が多くてまとまりにくい場合は片栗粉を増やす。
⑦ 片栗粉Cを薄くまぶし、160～170℃の油できつね色になるくらいに揚げる。
⑧ 鍋でDを加熱して沸騰したらおろし生姜を加え、E（またはCでまぶした残り）の水溶き片栗粉を少しずつ加えてとろみをつけ、銀あんをつくる。
⑨ 盛りつけた⑦に⑧をかける。

胡麻の風味がやみつきに

精進胡麻揚げ

もとは残った煮ものを無駄にせず天ぷらにした、お寺の再利用エコ料理です。

わざと煮ものを多めに作り、一晩おいて味がよく染みてから揚げれば、さらに美味しく仕上がります。

胡麻の量はお好みで変えてよいですが、あまり多いと野菜の持ち味を損ねますのでほどほどに。

［ 材料・2人分 ］

大根 … 70g
長芋 … 50g
里芋 … 50g
にんじん … 50g
ブロッコリー … 50g
A 昆布だし … 1と1/2カップ（300㎖）
　酒 … 大さじ3
　みりん … 大さじ2
　砂糖 … 小さじ1
　しょうゆ … 大さじ1
B 薄力粉 … 60g
　冷水 … 90㎖
黒胡麻 … 小さじ1と1/2程度
レモン … 適量
あら塩 … 少々
揚げ油 … 適量

① 大根、長芋を皮のまま厚めのいちょう切りか乱切りにする。里芋の皮をむき、1/2～1/4程度に切って多めの水に浸ける。にんじんを皮のまま乱切りにする。
② ブロッコリーを一口大に切り、固めに塩ゆでする。
③ 鍋に①とAを入れ、具に串がスッと通るくらいに煮る。火を止めて自然に冷まし、味をなじませる。
④ ボウルにBを入れて粘りけが出ないように混ぜ、さらに黒胡麻を加える。
⑤ 水気を切った②③を④にからめ、170℃の油で2～3分ほど揚げる。
⑥ よく洗ってくし形に切ったレモンとあら塩を添える。

応用編

料理をひととおり身につけたら、ぜひ親族や友人知人におもてなしをしてみましょう。
自分だけで食べるのとは違って、献立考案や盛りつけなど、
細やかな心くばりが必要になり、調理人の技術とセンスが問われます。
しかしそうした苦労も、きっと食べた人の笑顔と感謝の言葉で吹き飛ぶことでしょう。

＊本編では、もてなしを前提としているため、4人分の分量でレシピを記載しています。

御献立

飯椀　秋のおこわ

汁椀　揚げかぶすまし汁

香菜　たくあん花盛、梅干し

平椀　秋の吹き寄せ盛り

膳皿　精進マリネ

坪椀　丸胡麻豆腐　敷味噌山葵載せ

お膳に盛る献立は「一汁三菜形式」が基本です。

ご飯と香菜（漬けもの）は必ず献立に入る前提なので表記には加えず、その他に汁ものが一品、おかずが三品で一汁三菜と呼びます。実際にはご飯と漬けものを加え六品です。

お膳組みの献立をたてるコツは、まず旬を設定し、その季節に合わせた食材で考案します。原則として同じ食材が重なりすぎないようにしますが、あえて多用する「〇〇づくし」の例外もあります。また濃厚な料理とあっさりした料理をうまく組み合わせ、味の上で全体の統一感が出るように配慮し、盛りつけた際に彩りが良くなるよう天盛りや添える食材などを工夫します。

精進料理には漆器が最適ですが、一般家庭ではなかなか揃えにくいことでしょう。その場合はおしゃれなお盆や敷布、敷紙などに自宅の瀬戸物椀を載せるだけでも充分にふだんと違うハレの雰囲気を醸し出すことができます。

飯椀

秋のおこわ

［ 材料・4人分 ］

もち米 … 1.5合（270mℓ）
米 … 1.5合（270mℓ）
里芋 … 100g
じゃがいも … 100g
まいたけ … 100g
薄揚げ … 1枚
A 昆布だし … 2カップ
　酒 … 大さじ3
　みりん … 大さじ2
　砂糖 … 小さじ2
　しょうゆ … 大さじ1と1/2
B 酒 … 大さじ2
　しょうゆ … 大さじ1～1と1/2
昆布 … 3g
かぶの葉 … 適量
柚子皮 … 適量

①　もち米を軽く研ぎ、多めの水に30分浸けておく。
②　米を研ぎ、多めの水に15分ほど浸け、ザルにあげて15分おいておく。
③　里芋とじゃがいもの皮をむき、小さめの乱切りにする。それぞれ別にして、途中水を何度か替えながら多めの水に15分ほど浸ける。
④　まいたけを食べやすい大きさにほぐす。
⑤　薄揚げを細切りにする。
⑥　水気を切った③④とAを鍋に入れて強火で加熱し、沸騰したら弱火に落として7～10分程度、芋類に串が固く通る程度に煮て火を止め、完全に冷ます。
⑦　水気をしっかり切った①②を炊飯器に入れ、⑥の煮汁1カップ程度とBを入れてから、釜の3合分の目盛りより1～2㎜ほど少なくなるように水を足し、さらに煮汁をよく切った⑥の具と⑤の薄揚げ、昆布を入れて炊飯する。
⑧　少し長めに蒸らし、昆布を取り除いてよくほぐすように混ぜ、塩ゆでしたかぶの葉、細切りにした柚子皮を散らす。

汁椀

揚げかぶすまし汁

① かぶの茎の部分を少し残して切り落とし、皮をむく。
② 米のとぎ汁で①のかぶを串が通るまで下ゆでし、お湯でさっとすすぎ、クッキングペーパーで拭いて水気をよく切る。
③ 鍋にAを入れて強火で加熱し、沸騰したら弱火に落としてアクを取り、1分ほどしたら薄口しょうゆを加え、あら塩で味を調えて火を止める。
④ 170℃の油で②を素揚げし、周囲に少し焦げ色がつく程度で引き上げ、クッキングペーパーで軽く油分を拭いて椀に入れ、おぼろ昆布と食用菊のはなびらを散らし、③のすまし汁を注ぐ。

［材料・4人分］
かぶ（小ぶり）… 4個
米のとぎ汁 … 3カップ
A 昆布だし … 3と1/2カップ（700㎖）
　酒 … 大さじ5
　みりん … 大さじ2
薄口しょうゆ … 大さじ1
あら塩 … 少々
おぼろ昆布 … 10g
食用菊 … 適量
揚げ油 … 適量

平椀

秋の吹き寄せ盛り

［材料・4人分］

干し椎茸 … 4枚
かぼちゃ … 200g
さつまいも … 100g
れんこん … 100g
ごぼう … 70g
にんじん … 50g
厚揚げ … 100g
ぎんなん … 8粒
A 昆布だし … 2と1/2カップ（500mℓ）
　酒 … 大さじ5
　みりん … 大さじ3
　ザラメ砂糖 … 小さじ2〜3
　しょうゆ … 大さじ2
　あら塩 … 少々

① 干し椎茸を水で戻し、大きければ半分か1/4に切る。
② かぼちゃを食べやすい形に切る。
③ さつまいもを皮ごと輪切りなどにし、途中水を替えながら多めの水に5分ほど浸ける。
④ れんこんの皮をむいて輪切りなどにし、途中水を替えながら多めの水に5分ほど浸ける。
⑤ ごぼうをたわしでこすってハス切りなどにし、途中水を替えながら多めの水に5分ほど浸ける。
⑥ にんじんの皮をむき、食べやすい形に切る。
⑦ 厚揚げを一口大に切る。
⑧ ぎんなんの殻を割り、薄皮をむく。
⑨ 鍋に水気を切った①〜⑧とAを入れて加熱し、沸騰したら弱火に落とし、ふたをしてごぼうとれんこんに火が通るまで煮て火を止め、自然に冷まして味をなじませる。

膳皿

精進マリネ

［材料・4人分］

長芋 … 300g
赤パプリカ … 50g
黄パプリカ … 50g
みょうが … 40g（2本）
バジル … 数枚

A 昆布だし … 1カップ
　酒 … 大さじ2
　みりん … 大さじ1
　しょうゆ … 小さじ1
B 白ワインビネガー … 大さじ4
　オリーブオイル … 小さじ1/2
　黒胡椒 … 少々
あら塩 … 少々
揚げ油 … 適量

① 長芋の皮を剝いてさいの目に切り、途中水を替えながら多めの水に10分ほど浸ける。
② パプリカのへたを取り、種を取り除いて1cmくらいの細切りにし、170℃の油で素揚げする。
③ みょうがを輪切りにし、多めの水に5分ほど浸ける。バジルをよく洗って一口大にちぎる。
④ 小鍋でAをひと煮立ちさせて火を止め、冷めたらBを加えて泡立て器でよく混ぜ、最後に味を見ながらあら塩を加えてさらに混ぜる。
⑤ 水気を切った①、②③を盛って④をかけるかあえる。

坪椀

丸胡麻豆腐

材料、レシピは
p108~109にて詳述。

練り上げた胡麻豆腐を流し缶に移す際、どうしても少量が鍋に残ってしまいます。ゆっくり集めて移しているうちに固まりはじめてしまう上に、鍋の上方に張り付いた部分は練りが不充分なことが多いため、それを無駄にせずゴムべらで集め、丸めて固め、料理係の試食用にしたのが私の丸胡麻豆腐ができたきっかけです。

少量作る際は、むしろ流し缶で固めるよりこの方が向いていますし、慣れないうちは四角く切る際に角が崩れてしまうこともなく、また、冷蔵庫で場所を取らず冷やしやすいので、初心者やご家庭ではお勧めの固め方です。なお、暑い時期には昆布だしを使わず、また、酒みりんの量を減らして、その分水を増やせばあっさりした胡麻豆腐に仕上がりますし、塩やしょうゆを加減すれば色と味を、水分を増減させれば固さが調整できます。上乗せするわさびもおろし生姜や木の芽、柚子皮など、練り具合とともに季節に応じて変えるとよいでしょう。

香菜

たくあん、梅干し

〝一枚食べ残したたくあんを箸でつまみ、注がれたお茶でうつわを洗い流す〟というお寺の作法を聞いたことがあるでしょう。これは応量器(p49参照)を〝セツ〟と呼ばれるへらで拭き清めて収納する作法にならって、修行体験などで禅僧と同等の食事作法を行ずる際や、禅の食事に対する姿勢を学ぶ目的で研修として食事をする際などによく行われます。

しかし、お寺によっても異なりますが、原則としてはこうした来客用のもてなし料理では、お寺の側からその作法を求めることはありません。ただし、食べる側がごまあえのあえしろや小さいごま粒などを残さず食べるため、また洗う人への心遣いとして、きれいに食べ終えるために、自発的に漬けものでぬぐうこともありえます。そうした礼儀に応えるため、細かく刻んだ漬けものだけではそれができないので、たくあんやきゅうりの奈良漬けなど、うつわを拭きやすいような平たい形の漬けものも加えるように献立を考えるとよいでしょう。なお、禅寺では漬けものを特に「香菜」と呼びます。

お膳組みの基本

精進料理に用いられる漆器膳とお椀は、産地や時代、または宗派などによって形式や作法が異なります。ここでは、現在、曹洞宗大本山永平寺の客膳をはじめとして広く世間に流通しているお膳組みを題材にして解説します。

形と色

脚なしの平盆、低脚膳、宗和膳、蝶足膳、高脚膳、猫足膳などがあり、紋付、金フチ塗り、蒔絵や沈金、螺鈿などの細工、または漆の種類や塗りの技法など多くの種類があります。

色は歴史上さまざまな変遷を経ていますが、現在の客膳では黒が格上で赤は一般向け、あるいは黒が弔事で赤が慶事という用いられ方が主流のようです。

自宅では骨董店などで雰囲気のよいものを入手し自由に用いてかまいませんが、もし正式な席で使うなら格式や形、色の選定に気遣いが必要でしょう。

お椀の種類と並べ方

- A 飯椀　ご飯もの、時には麺類
- B 汁椀　汁もの
- C 雀皿　漬けもの
- D 平椀　煮もの
- E 膳皿　あえもの、炒めもの、酢のもの、揚げものなどおかず全般
- F 坪椀　豆腐類、寄せもの、豆やひじきなど崩れやすいものなど

どのお膳組でも基本となるのは飯椀、汁椀、漬物皿の三種で、これが手前に並びます。漬物皿は香菜皿、雀皿などと呼ぶ場合もあります。

奥に並ぶのがおかずを盛る椀で、煮ものを盛る平椀はメインディッシュとなるため一番とりやすい左奥に、一番大きな膳皿は手前左の飯椀と対角になるよう右奥に、そして坪（壺）を中央に並べます。胡麻豆腐など食す際に崩れやすく、また敷味噌が散らかって見た目が悪くなりがちな料理を他人から見えにくくするためにふちが深い坪に盛りつけ、なおかつ膳の中央に配置します。

なお、飯椀、汁椀、漬物皿の三種は常に定位置ですが、奥のおかず三種については異なるお椀を用いたり、盛る料理によって配置が変わることもあります。また、高位の膳組みでは二の膳三の膳などお膳の数が増え、吸物椀、猪口、台引、高坏、小皿など用いるお椀も増えます。

汁椀

雀皿

飯椀

坪

膳皿

平椀

お膳の紋

原則として紋は食べる人の逆側になるように置きます。また飯、汁、平にはふたが付く場合がありますが、ふたの紋は食べる人からみて正しい方向になるように置きます。皿や椀に紋がある場合、基本的にはふたと同じですが、例外として椀のふち(側面)に紋がある場合は、口をつけないように紋が食べる人の逆側になるように置きます。

漆器の扱い

漆器を洗う際は堅いスポンジでこすると傷がつくため、布などで洗います。洗剤は使用できますが、熱湯に弱いので食洗機は使えません。すすいだら柔らかい布、できればまわた(絹)で拭き、すぐに重ねずに風通しのよい場所で数時間乾かし、しばらく使わない場合は布や和紙で包んで保管します。

○

×

コラム

お仏膳をお供えしよう

私たちは自分一人の力ではこの世に存在できません。皆さんがこの本の料理を作るにしても、野菜の生産者、うつわや道具の業者、あるいは出版関係者等々、多くの人々の力があってこそ成り立っています。そうした現在のつながりを横とすれば、私たちを産み育ててくれた両親、さらにそれまで命をつないでくれたご先祖様たちの縦のつながりもまた欠かせません。そんなありがたいご縁に感謝する気持ちを形に表す一つの作法が〝お供え〟です。

亡き人にも〝生きておられるが如く〟に接する姿勢が大切です。難しく考えず、私たちが美味しいな、食べたいな、と思える品をそのままお供えすればいいのです。

ですから、お椀の並べ方や盛りつけ方も、私たちのお膳と同じようにします。ただ一つ注意したいのは、お膳の向きです。亡き人が食べるのですから、お箸の方をお位牌の側(向こう側)になるようにお供えします。

普通の茶碗でもかまいませんが、漆器風の仏膳揃えが市販されているので利用するとよいでしょう。

作りたてを亡き人にお供えして手を合わせ、お線香が尽きたころお膳を下げてお下がりをいただきます。

ふだんはお水とお茶、少量のご飯をお供えし、お彼岸やお盆、あるいは親しき人のご命日など特別な日にはまごころを込めて作った精進料理膳をお供えして感謝の合掌を捧げれば、きっとよいご供養になることでしょう。

手作り胡麻豆腐に挑戦しよう

坐禅と同じ境涯で雑念を払い、一心にこね続ければ、口中でとろける柔らかさをもちつつ角がピシっと立つ端正な仕上がりは得られません。胡麻豆腐が「精進料理の華」と呼ばれる由縁でしょう。

修行道場では胡麻をすりあげるところから作りますが、今回は初心者でも失敗しにくいように市販の胡麻ペーストを使った方法を紹介します。

胡麻豆腐

[材料・6人分] (150 × 100 × 45の流し缶1個分＝4㎝真四角6個分)

A 胡麻ペースト … 1/2カップ (100㎖)
本くず … 1/2カップ (100㎖)
昆布だし … 3カップ
酒 … 大さじ4
みりん … 大さじ2
しょうゆ … 大さじ1
あら塩 … 少々

敷味噌 (小さじ1 × 6人分)

B 八丁味噌 … 大さじ1
酒 … 大さじ1と1/2
みりん … 大さじ1
砂糖 … 大さじ1
しょうゆ … 小さじ1
一味唐辛子 … 少々

わさび … 適量

p105
丸胡麻豆腐に応用

体積比で胡麻ペースト1：本くず1：だしなど水分が7程度の割合が基本ですが、分量や仕上がりの固さにより調整します。熱伝導率が高い銅鍋が最適ですが、なければなるべく深くて重い鍋を使います。

今回は白胡麻豆腐を紹介しますが、黒胡麻ペーストを使えば黒い胡麻豆腐ができます。

Aの材料を鍋に入れたら強火で加熱し、ゆっくりかき混ぜます。胡麻ペーストやくずの塊は無理に溶かさずそのままでかまいません。

全体に熱が回ると、鍋のフチあたりからうっすらと固まりはじめるので、木べらの動きを早くします。ここが一番の山場で、このとき充分に撹拌しないと熱が不均等に伝わり一部がダマになってしまう恐れがあります。

それまで水っぽかったのが急にドロドロ状態に変化したら、火力を落とします。火加減は熱源の強さにより異なりますが、こねるのをやめるとボコボコと噴く程度の弱火～中火です。ここからは「混ぜる」のではなく「こねる」作業に入り、この時点から20分程度、力を込めてしっかりと木べらを鍋底に付けて回します。

火を止めたらすみやかに流し缶に移します。時間がかかると固まりはじめ、なめらかさが失われてしまうので、手際よく行います。流し缶がなければバットや保存容器、湯飲みなどの容器でもかまいません。

鍋などに残った胡麻豆腐はラップに小分けして根元を締めて輪ゴムで止め、丸い胡麻豆腐にします。流し缶がない場合には、はじめから全てこの方法で作ってもよいでしょう。

ある程度冷めたら、冷水に3～5時間程度浸します。ラップをして冷蔵庫で冷やしてもよいのですが、水に浸けることで余分な油分が分離し、口当たりがよくなります。気温が高い場合は水を少量流します。

流し缶の角までしっかり刃先をあて、任意の大きさになるよう縦横に切れ込みを入れます。再度流し缶を水に浸けて指を入れると崩さずに取り出せます。上面のしわが寄った方を底にして盛りつけます。

敷味噌はBを弱火で5分ほど加熱してこね上げます。わさびは葉の側を切り落とし、使う分だけ皮を削って、細かい目のおろし金でのの字を書くようにすります。他にもたまりじょうゆやおろし生姜などもよく合います。

あとがき

現在皆さんがよく接し目にするのは、古寺への観光宿泊や料理店、または葬儀や法事でいただく〝来客向けのもてなし精進料理〟か、料理研究家などが一般向けに〝現代風にアレンジした精進料理〟のどちらかでしょう。

こんなことを書くと叱られるかもしれませんが、自省のためにあえて申せば、それらは対価をいただく以上は見栄えの美しさや豪華さ、あるいは収益なども考慮するため、〝本来の〟精進料理から逸脱してしまう例も散見されます。

そうした世俗の事情を抜きにした〝禅寺で修行僧が日々調理し、食している精進料理〟こそ、今の時代多くの方に広めるべき精進料理だと私は思うのです。

しかし、それは見た目が地味で手間がかかるため、料理店や各種メディアでは敬遠されやすいのが現実で、よほど仏教に興味がある方や、お寺の行事によく参加している方以外はほとんど体験する機会がなく、本書の料理を作ってみて「今まで精進料理を誤解していた」と思う方も少なくないでしょう。

書店に並ぶプロのハイレベルな精進料理関連書籍を開いて「わあ、きれいね」と感じながらも「でも自分ではこんな風には作れないわ」と眺めるだけだったり、法事の席で美味しい仕出し精進料理を、その教えに何一つ触れないままいただいて終わるのは残念なかぎりです。やはり自分で作ってその心に触れ、実践してこその精進料理なのですから。

今般ようやく念願かなって、着飾ったよそいきの料理ではなく、誰でも自分自身で作ることができる、禅寺の優しく滋味溢れる〝生きた普段着の精進料理〟を主題とし、利益やコストは二の次とする本を著すありがたきご縁に恵まれました。

たとえ地味でつまらなくても、はじめから基本を大切にすることが結局は上達の早道で、何ごとでも達人や名人ほど、常に基本を重視しつつ独自の工夫に挑戦するものです。ぜひ、本書を有効活用

し、基本を大切にしながら精進料理の奥深く魅力的な世界を楽しんでください。

今回、刊行から10年を経て重版のご縁を賜りました。この間、新たにSDGsの理念が世に定着しました。八百年前からそれを実践してきた禅寺の教えに今こそ学ぶべき時代だと感じております。

ただ、どうやって精進料理の基本をわかりやすく伝えればよいのか、あれこれ悩んで試行錯誤を重ねることとなり、正直申せば本書の制作は私が経験した中で最も困難な作業となりました。

そんな中、表現が難しい枯淡な料理の本質的な魅力までをも写しこんでくださった情熱のフォトグラファー今清水氏、よりよい表現のためにハイセンスなアイデアを駆使してくださったスタイリストの肱岡氏とデザイナーの高橋氏、細やかな現場アシスタントをしてくださったDTPの川端氏、そして何よりも書籍化実現のために東奔西走してくださった東京書籍の山本氏を中心に、素晴らしいチームが〝本物を伝えたい〟を合い言葉に力を集結してこの本ができあがり、社長さんはじめ東京書籍の皆さん、印刷関連の職人さんや配本運送書店関係者の方々、そしてこの本を手に取って下さった読者の〝おかげさま〟で本書が世に出たということを、私は忘れません。

同様に、料理を作っていただく際には、食材の生産者や流通販売に関わる多くの方々への感謝はもちろんのこと、なによりも目の前の尊い食材の命に深く感謝して、〝ありがとうございます〟の気持ちでいただき、そのいのちを無駄にしないよう、恩返しのためにも日々精進し続けていきたいと思います。

典座 髙梨尚之 合掌

髙梨尚之

（たかなし・しょうし）

１９７２年生まれ。曹洞宗大本山永平寺にて禅の修行を積み、精進料理の心と技を深く学ぶ。２００１年より２００５年まで、大本山永平寺東京別院長谷寺にて副典座、および典座（料理長）を務める。

現在、群馬県沼田市の曹洞宗永福寺住職。曹洞宗布教師。三心亭無苦庵にて精進料理研究の傍ら、「典座和尚の食育説法」と称して講演・執筆・料理教室などを行い、ウェブサイト「典座ネット」（http://www.tenzo.net/）を主宰。

著書に、『永平寺の精進料理』、『永平寺の心と精進料理』（ともに学習研究社）、『典座和尚の精進料理～家庭で楽しむ１１０レシピ』（大泉書店）、共著に『粥百選～精進がゆ・中華粥とおかず１００＋20』（東京書籍）ほか。

はじめての精進料理《しょうじんりょうり》

基礎《きそ》から学《まな》ぶ野菜《やさい》の料理《りょうり》

２０１３年 6月 25日 第１刷発行
２０２３年 12月 15日 第２刷発行

著者 髙梨尚之《たかなししょうし》
発行者 渡辺能理夫
発行所 東京書籍株式会社
東京都北区堀船2－17－1 〒１１４－８５２４
電話 ０３－５３９０－７５３１（営業）
０３－５３９０－７５０８（編集）
印刷・製本 図書印刷株式会社

ISBN978-4-487-80800-7 C2077 NDC596

撮影――今清水隆宏
ブックデザイン――髙橋 良
スタイリング――肱岡香子
構成・編集――山本浩史（東京書籍）
DTP――川端俊弘（wood house design）
プリンティングディレクター――栗原哲朗（図書印刷）